Barthelmeß · Systemische Beratung

Manuel Barthelmeß

Systemische Beratung

Eine Einführung für psychosoziale Berufe

Beltz Verlag · Weinheim und Basel

Manuel Barthelmeß, Jg. 1970, Diplompädagoge (Univ.), Diplomsozialpädagoge (FH). Er arbeitet in eigener Praxis als Psychotherapeut in Regensburg.

Besuchen Sie uns im Internet:
http://www.beltz.de

Gesetzt nach den neuen Rechtschreibregeln
Lektorat: Richard Grübling

Herstellung: Klaus Kaltenberg
Satz: Satz- und Reprotechnik GmbH, Hemsbach
Druck: Druckhaus Beltz, Hemsbach
Umschlaggestaltung: Federico Luci, Köln
Umschlagfoto: Tony Stone Bilderwelten, München
Printed in Germany

ISBN 3-407-55826-0

Inhaltsverzeichnis

Einleitung 7

Problemstellung 9

Vernetzungen 9
Nichttrivialität 11
Vom linearen zum systemischen Paradigma 13
Zwei systemtheoretische Ansätze 15

I. Soziale Systeme 17

1. Die Differenz von System und Umwelt 17
2. Interne Systemdifferenzierung 18
3. Elemente und Relationen 19
4. Komplexität 20
5. Kontingenz 23
6. Selbstreferenzialität 24
7. Operationale Geschlossenheit 24
8. Autopoiesis 25
9. Strukturdeterminismus 28
10. Sinn 29
11. Doppelte Kontingenz 31
12. Kommunikation 33
13. Information 35
14. Strukturmerkmale des Sozialsystems 37
15. Begriffsbestimmung »soziales System« 45

II. Psychische Systeme 46

1. Identität 47
2. Sinn 48
3. Doppelte Kontingenz 48
4. Psychische Entwicklung 48
5. Bewusstsein 49
6. Strukturmerkmale des psychischen Systems 50

III. Psychosoziale Einheiten: Das Zusammenwirken von psychischen und sozialen Systemen ... 62

1. Interpenetration ... 62
2. Das Drei-Komponenten-Modell ... 64
3. Das Mitglied-Konzept ... 65
4. Grundmechanismen nach Hellinger ... 69
5. Familiäre Interaktionsmuster: Delegation, Bindung und Ausstoßung ... 71
6. Psyche und Kommunikation ... 74
7. Sprache ... 81

IV. Systemische Beratung ... 84

1. Problemsysteme ... 84
2. Zum systemtheoretischen Verständnis von Intervention ... 88
3. Die Rolle des systemischen Beraters ... 92
4. Ziele des systemischen Beraters ... 94
5. Handlungsleitende Prinzipien des systemischen Beraters ... 96

V. Systemische Intervention ... 101

1. Orientierungsdaten für die Verfahrensauswahl ... 101
2. Systemische Verfahren ... 105

Schlussbemerkung ... 124

Literaturverzeichnis ... 125

Einleitung

Die systemische Orientierung erfreut sich in psychosozialen Arbeitsfeldern einer immer größeren Beliebtheit und auch ihre praktischen Anwendungsgebiete sind vielfältig: Sie reichen von der psychotherapeutischen Einzelfallhilfe, Paar- und Familientherapie, Supervision bis hin zur Team- und Organisationsberatung. Obwohl in diesen und anderen Bereichen systemisch gearbeitet wird, bleibt nicht selten unklar, worin eigentlich genau der Systemansatz besteht.

Auf welchen Grundlagen basiert die systemische Beratung und wodurch ist sie gekennzeichnet? Dieser Frage wird in diesem Buch nachgegangen. Die Darstellung einer für den psychosozialen Arbeitsbereich relevanten Systemtheorie und deren Verknüpfung mit Folgen für die Praxis stellt systemorientiertes Vorgehen auf eine fundierte Basis und schließt eine Lücke, die zunehmend durch die inflationäre Verwendung des Begriffs »systemisch« bei gleichzeitiger Unsicherheit über theoretische Grundlagen zu entstehen scheint. Systemtheorie und Beratung werden miteinander in Verbindung gebracht, sodass aus der Theorie praxisrelevante Ableitungen für die professionelle Tätigkeit ebenso gezogen werden können wie umgekehrt der Praktiker theoretische Kenntnisse und Bezüge herzustellen vermag.

Für Berater, Sozialpädagogen, Psychologen, Pädagogen, Soziologen und andere in der psychosozialen Praxis Stehende sowie für Studierende und theoretisch Interessierte stellt dieses Buch ein geeignetes Hilfsmittel dar. (Die männliche Form im Singular und Plural bezieht sich auf beide Geschlechter. Wenn also in diesem Buch von »dem Betrachter«, »dem Berater« oder »dem Empfänger« die Rede ist, so ist auch immer »die Betrachterin«, die »Beraterin«, »die Empfängerin« gemeint. Aus Gründen der Lesbarkeit wurde darauf verzichtet, jedes Mal beide Geschlechter ausdrücklich anzusprechen.) Die Lektüre vermittelt Grundkenntnisse der Systemtheorie und der systemischen Beratung. Es wird eine Theorie der Praxis und anhand der dargestellten Interventionsverfahren eine Praktikabilität der Theorie geboten.

Die inhaltliche Struktur und Vorgehensweise sei hier im Überblick dargestellt:

- *Problemstellung:* Es erfolgt eine Hinführung zum Thema der Systemtheorie, wobei erläutert wird, warum lineares Denken durch die systemische Orientierung erweitert werden sollte.
- *Soziale Systeme:* Die Grundzüge der Systemtheorie werden mit der Beschreibung sozialer Systeme verbunden. Diese werden als Kommunikationssysteme theoretisch dargelegt und in ihren Strukturmerkmalen dargestellt.

- *Psychische Systeme:* Einzelpersonen werden unter dem Begriff »psychisches System« subsumiert und als Bewusstseinssysteme theoretisch beschrieben. Für die praktische Beratertätigkeit relevante Strukturmerkmale des psychischen Systems werden erläutert.
- *Psychosoziale Einheiten:* Das Zusammenwirken von sozialen und psychischen Systemen wird unter dem Begriff der »psychosozialen Einheit« dargelegt.
- *Systemische Beratung:* In diesem Kapitel werden die vorhergehenden theoretischen Ausführungen explizit auf die Beratung verschiedenster Klientensysteme bezogen. Insbesondere werden Probleme systemisch definiert, und es wird der Frage nach den Interventionsmöglichkeiten nachgegangen. Ferner werden das Rollenverständnis, die Ziele und die handlungsleitenden Prinzipien des systemischen Beraters diskutiert.
- *Systemische Intervention:* Konkrete Verfahrensweisen systemischer Beratung werden dargestellt.

Problemstellung

Vernetzungen

Wirklichkeit oder Realität systemisch zu beschreiben bedeutet, Kreisläufe von Wirkungen aufzuzeigen. Dabei wird die gegenseitige Bedingtheit aller einzeln beschreibbaren Elemente deutlich gemacht und von der Konstruktion einfacher Ursache-Wirkungs-Zusammenhänge Abstand genommen.

Einheiten, die wir als Systeme bezeichnen, »funktionieren« auf bestimmte Art und Weise, und ganz offensichtlich kommen wir dieser Wirklichkeit am nächsten, wenn wir versuchen, Rückkoppelungen und zirkuläre Vernetzungen zu beschreiben. Bateson (1995, S. 244f.) macht dies in erwähnenswerter Weise anschaulich. Er betrachtet eine Thermostatregelung der Raumtemperatur eines Hauses als Ausgangspunkt:

> »Auf der niedrigsten Ebene haben wir die Temperatur. Diese wirkliche Temperatur beeinflusst von Moment zu Moment (ein Prozess) ein Thermometer (eine Art Sinnesorgan), das dergestalt mit dem Gesamtsystem verbunden ist, dass die Temperatur, wie sie durch die Krümmung eines Bimetallstreifens zum Ausdruck kommt, einen elektrischen Kontakt herstellen oder unterbrechen wird (d.h. einen Schalter oder eine Kalibrierung), der die Heizung kontrolliert. Wenn die Temperatur über einen bestimmten Punkt steigt, nimmt der Schalter die Stellung ›AUS‹ ein; sinkt sie unter einen tieferen Punkt, dann legt sich der Schalter auf ›AN‹. Das Haus wird also um irgendeine Temperatur zwischen den beiden Schwellenpunkten oszillieren …
>
> Dieser einfache Rückkoppelungskreislauf wird jedoch durch eine Kalibrierung kontrolliert, die in demselben kleinen Kasten untergebracht ist, der auch das Thermometer enthält. An diesem Kasten befindet sich ein Knopf, den der Hausbewohner drehen kann, um die Einstellung oder Vorgabe(bias) des Thermostats zu verändern, sodass die Haustemperatur um einen anderen Wärmegrad herum oszillieren wird. Man beachte, dass sich in dem Kasten zwei Kalibrierungen befinden: Eine Kontrolle des Zustandes AN/AUS und die Kontrolle der Temperatur HOCH/NIEDRIG, um die herum das System arbeiten wird. Wenn vorher die niedrigste Temperatur 18 Grad betrug, dann kann der Hauseigentümer sagen: ›Es war in der letzten Zeit zu kalt.‹ Er wird aufgrund einer Auswahl seiner Erfahrungen urteilen und dann die Einstellung auf eine Temperatur ändern, die vielleicht angenehmer erscheint. Die Vorgabe (die Kalibrierung der Rückkoppelung) wird

> ihrerseits durch eine Rückkoppelung beherrscht, deren Sinnesorgan nicht an der Wand des Wohnzimmers, sondern in der Haut des Mannes lokalisiert ist.
> Aber die Vorgabe des Mannes ... wird wiederum durch ein Rückkoppelungssystem eingestellt. Er kann aufgrund von Abhärtung oder Gewöhnung kälteunempfindlicher werden ...
> Die Rückkoppelungen und die Kalibrierungen alternieren in einer hierarchischen Abfolge. Man beachte, dass sich die Sphäre der Relevanz, die wir analysieren, mit jedem abgeschlossenen Alternierungsprozess (von Kalibrierung zu Kalibrierung oder von Rückkoppelung zu Rückkoppelung) erweitert hat. Am einfachsten, am niedrigsten Ende der Zickzackleiter war die Sphäre der Relevanz eine Heizung, AN oder AUS; auf der nächsten Ebene ein Haus, das um eine bestimmte Temperatur oszilliert. Auf der nächsten Ebene ließ sich die Temperatur innerhalb einer Sphäre der Relevanz verändern, die nun das Haus plus den Bewohner ... einschloss.«

Man kann immer wieder auf einer neuen Ebene ansetzen, und man wird wieder Rückkoppelungskreisläufe finden. Ebenso deutlich wird, dass eine Person diese komplexen Wirkungskreisläufe nicht voll erfassen kann. Wie wir noch sehen werden, bedeutet Komplexität Selektionszwang. In diesem Sinne ist man gezwungen, einen kleinen Teilbereich von Wirkungszusammenhängen herauszugreifen und andere (vorübergehend) zu ignorieren. Auf diese Art und Weise werden lineare Ursache-Wirkungs-Zusammenhänge konstruiert. Dies ist nicht falsch. Im Gegenteil: Im richtigen Kontext betrachtet, ist derartiges lineares Denken notwendig und im wahrsten Sinne des Wortes »sinnvoll«. Will ein Einzelsystem bestehen (bleiben), muss es aus einer unendlichen Vielzahl und Verkettung von Wirkungszusammenhängen einige wenige auswählen, die speziell für seinen »Sinn«, für seine Identität relevant sind.

Die Beschäftigung mit der Systemtheorie zwingt dazu, genau anzugeben, auf welcher Ebene man Beschreibungen vornimmt. Mit anderen Worten: Welchen Kontext man betrachtet. Eine für ein einzelnes Lebewesen innerhalb eines bestimmten Kontextes vollzogene Ursache-Wirkungs-Korrelation mag auf dieser Ebene sinnvoll sein. So wird es unserem Hausbewohner ausreichen, aufgrund der Kälte im Haus die Einstellung der Heizung zu verändern (Ursache-Wirkungs-Kontruktion: »Weil kalt, andere Einstellung«). Die Vorgabe des Hausbewohners selbst allerdings wird in seinen Überlegungen überhaupt keine Rolle spielen (etwa, dass er aufgrund mangelnder Abhärtung kälteempfindlich ist). Innerhalb eines Kontextes (man kann auch sagen: innerhalb eines Metasystems) wird ein gewisser Zusammenhang konstruiert, und damit wird letztlich subjektiv »Welt erschaffen«. Ein neuer, weiterer Blickwinkel entsteht, wenn man den Kontext, das Metasystem, die Umwelt miteinbezieht. Ziel einer systemischen Betrachtung muss es sein, *kontextbezogen* zu denken. Damit erschließen sich neue – zirkuläre und nicht kausale – Beschreibungsweisen. Dass diese für uns ungewohnt und unter Umständen auch unbequemer sind, ändert nichts daran, dass sie für ein fundiertes systemorientiertes Denken und Handeln unverzichtbar sind.

Nichttrivialität

Die Notwendigkeit, im Zusammenhang mit systemtheoretischen Überlegungen vom Kausalitätsmodell Abstand zu nehmen bzw. dieses zu erweitern, wird auch durch die »nicht-triviale Maschine« veranschaulicht: Von Foerster (1988, S. 20f.) stellt zwei verschiede Arten von Maschinen (Systemen) vor: Triviale und nicht-triviale Maschinen. Das Verhalten trivialer Maschinen ist dadurch gekennzeichnet, dass bestimmten Eingangszuständen bestimmte Ausgangszustände zugeordnet sind. Diese Maschinen produzieren also aufgrund gegebener Input-Zustände unabweichlich und festgelegt bestimmte Output-Zustände. Abbildung 1 zeigt das Schema einer solchen Maschine, wobei x für eine bestimmte Eingabe, y für die entsprechende Ausgabe und f für die Funktion, die Wirkungsweise der Maschine steht.

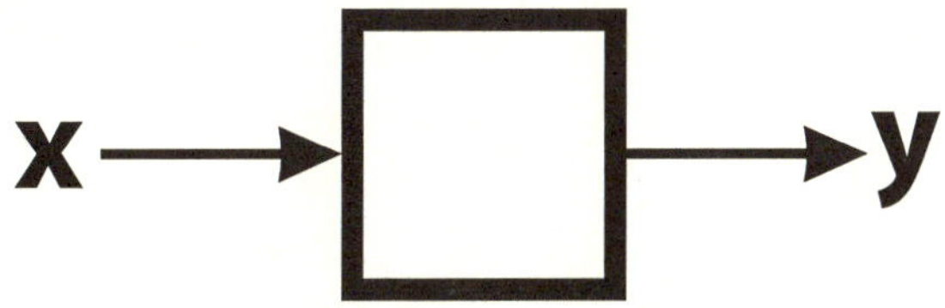

(1) Lies das Eingangssymbol **x**
(2) Schreibe das zugehörige Ausgangssymbol **y**

Wirkungsfunktion: y = f(x)

x	y
A	1
B	2
C	3
D	4

Abb. 1: Triviale Maschine (Foerster 1988, S. 21)

Diese Maschine funktioniert nach dem einfachen Prinzip der Kausalität: Eine bestimmte Ursache x hat eine bestimmte Wirkung y zur Folge. Gibt man »A« ein, so erhält man »1«, »B« ergibt »2« usw., wie aus der Tabelle zu entnehmen ist. Die Analyse einer trivialen Maschine bereitet keine Schwierigkeiten, und die vorhersehbaren Ergebnisse liefern keine Überraschungen, weshalb von Foerster die Eigenschaften trivialer Maschinen wie folgt zusammenfasst:

1) synthetisch determiniert,
2) analytisch bestimmbar,
3) vergangenheitsunabhängig,
4) voraussagbar.

Die folgende Abbildung stellt das Schema einer nicht-trivialen Maschine dar.

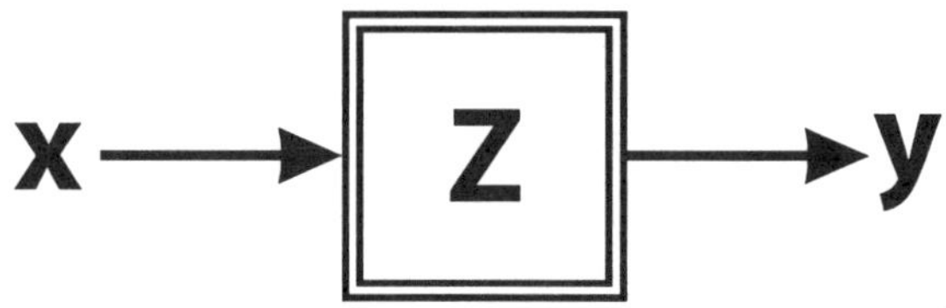

(1) Lies das Eingangssymbol **x**.
(2) Vergleiche **x** mit dem inneren Zustand z der Maschine.
(3) Schreibe das zugehörige Ausgangssymbol.
(4) Ersetze den inneren Zustand **z** durch den neuen Zustand **z´**.
(5) Wiederhole die obige Folge mit dem neuen Eingangssymbol **x´**.

Wirkungsfunktion: $y = f_y(x,z)$

Zustandsfunktion: $y = f_z(x,z)$

Im Zustand I

x	y	z´
A	1	I
B	2	II
C	3	I
D	4	II

Im Zustand II

x	y	z´
A	4	I
B	3	I
C	2	II
D	1	II

Abb. 2: Nicht-triviale Maschine (Foerster 1988, S. 23)

Dieser Maschinentyp weist einen inneren Zustand z auf, von welchem die jeweilige Operation der Maschine abhängt. Die Maschine verkörpert gewissermaßen verschiedene Maschinen in sich, ist eine Maschine in einer Maschine. Der einfachste denkbare Fall hierfür wäre das Vorhandensein von nur zwei verschiedenen inneren Zuständen, I und II. Im Zustand I verhält sich die skizzierte nicht-triviale Maschine genauso wie die vorher beschriebene triviale Maschine: A führt zu 1 (A-1), B-2, C-3, D-4. Liegt dagegen Zustand II vor, reagiert sie entgegengesetzt: A-4, B-3, C-2, D-1. In den beiden Tabellen ist eine Spalte z´ hinzugefügt, die den nächsten inneren Zustand z der Maschine nach der Operation angibt. Geht man nun beispielsweise von einem gegebenen Anfangszustand I aus, so ergibt sich bei Eingabe der Ursache B die Wirkung 2, worauf die nicht-triviale Maschine in den Zustand II übergeht. Wiederholt man die Eingabe B, so erhält man anschließend das Ergebnis 3, woraufhin die Maschine wieder in den Zustand I wechselt. Ein Experimentator, der mit der Funktionsweise und den inneren Zuständen der Maschine nicht vertraut ist, wird glauben, dass entweder er oder die Maschine verrückt ist.

Nun liegt die Vermutung nahe, dass man mit Geduld die Funktionsweise der nicht-trivialen Maschine erkennen kann, da sie völlig determiniert arbeitet. Das Problem aber ist, dass die Analyse einer solchen Maschine »transcomputational« ist: Vom Prinzip her machbar, aber die Anzahl der notwendigen Berechnungen, die angestellt werden müssten, um alle Wirkungs- und Zustandsfunktionen in allen möglichen Fällen zu ermitteln, ist zu groß. Von Foerster rechnet vor, dass die oben skizzierte Maschine 10 hoch 2466 Konstellationen ermöglicht – und dies bei einer der einfachsten denkbaren nicht-trivialen Maschine mit nur 2 inneren Zuständen und jeweils 4 Eingangs- und Ausgangsmöglichkeiten.

Ein derartiges System stellt bei jedem Umweltkontakt (z.B. Eingabe von A) gleichzeitig einen Kontakt zu sich selbst her (z.B. geht in den Zustand II über) mit der Folge, dass sich die innere Struktur des Systems verändert. Dies hat dann wiederum Auswirkungen auf die Wirkungsweise bei der nächsten Operation: Jeder Vorgang im System verändert die innere Struktur, die wiederum eine neue Ausgangsbasis schafft für die weitere Wirkungsweise. Die Eigenschaften nicht-trivialer Maschinen lassen sich darstellen als

1) synthetisch determiniert,
2) analytisch unbestimmbar,
3) vergangenheitsabhängig,
4) unvoraussagbar.

Die Eigenkomplexität nicht-trivialer Maschinen oder Systeme erfordert eine adäquate Beschreibung und Berücksichtigung dieses Sachverhaltes. Es wäre mit Sicherheit einfacher, die Tatsache der Nichttrivialität zu ignorieren und weiterhin eine Komplexität ausblendende wissenschaftliche Vorgehensweise zu wählen, die sich mehr oder weniger ausschließlich am Kausalitätsprinzip festhält. In der Systemtheorie allerdings kommt man so nicht weiter. Vielmehr ist zunehmend ein neuer Faktor ins Spiel zu bringen: Das Moment der Autonomie und der Eigendynamik komplexer Systeme. Wie an dem dargestellten Beispiel des nicht-trivialen Systems deutlich wurde, *reagieren Systeme nicht nur auf die Umwelt, sondern auch auf sich selbst.* Wir werden darauf zurückkommen.

Vom linearen zum systemischen Paradigma

Um der Frage nach Einflussmöglichkeiten von professionell tätigen Pädagogen, Psychologen, Beratern, Trainern oder Therapeuten auf Menschen, die sich immer auch in interdependenten Beziehungsgefügen befinden, nachzugehen, wird ein theoretisches Fundament benötigt, welches explizit versucht, Komplexität zu beschreiben. Denn es entspricht allgemeiner Erfahrung, dass man es bei der Arbeit mit Menschen und Gruppen im Gegensatz beispielsweise zu technischen Arbeitsabläufen nicht mit einfachen Korrelationen und linearen Abfolgen zu tun hat, die sich exakt messen und planen lassen. Die psychologische und pädagogische Arbeitsfelder kennzeichnende Komplexität sollte nicht ignoriert, sondern für die professionelle berufliche Tätigkeit handhabbar gemacht werden. Zunehmend ist vor diesem Hintergrund in der Sozialwissenschaft ein Paradigmenwechsel vom linearen zum systemischen Denken zu erkennen.

König/Volmer (1996, S. 11) führen aus, dass unsere Gedanken und Vorstellungen zu psychosozialen Phänomenen von Modellen abhängen, die Annahmen darüber postulieren, wodurch menschliches Handeln bestimmt wird. Sie unterscheiden vier grundlegende Modelle:

- ein Eigenschaftsmodell (menschliches Tun wird aus relativ stabilen Eigenschaften erklärt);
- ein Maschinenmodell (es wird von der Vorstellung ausgegangen, dass Menschen ähnlich wie Maschinen »funktionieren« – Reize führen zu bestimmten Reaktionen),
- ein Handlungsmodell (das bewusste Handeln und Entscheiden eines Menschen als eigenständiges Subjekt steht im Vordergrund) und
- ein Systemmodell, bei welchem man sich vorwiegend auf das soziale System und weniger auf den Einzelnen bezieht. Damit werden Themenkomplexe wie Kommunikation, Kontextualität und Zirkularität in den Mittelpunkt des Interesses gerückt.

Gerade Erfahrungen aus dem therapeutischen Bereich, insbesondere der Familientherapie, aber auch eine mentale Umstellung in anderen Wissensgebieten der (Sozial-)Wissenschaften führen zu einer neuen, integrativen Sichtweise, welche den traditionellen linearen Modellen (Eigenschafts-, Maschinen- und Handlungsmodell) eine alleinige Gültigkeit abspricht und dem Kontext des Individuums mit der Berücksichtigung der Beziehungsgeflechte und Kommunikationsstrukturen einen großen Raum gibt.

Diesem neuen Denken ist die Systemtheorie verpflichtet, die

> »sich zum expansivsten Paradigma in allen Sozialwissenschaften entwickelt, weil in unserer hochkomplexen und zugleich hochorganisierten Umwelt nur solche analytischen Konzepte Erfolg versprechend sein können, die ihrerseits eine entsprechende Eigenkomplexiät besitzen« (Willke 1982, S. 7).

Systemtheorie ist also, wie ihr »Gegenstand«, den sie beschreiben will, komplex. Aus diesem Sachverhalt ergeben sich Folgeprobleme für die Aneignung und die Didaktik systemtheoretischen Denkens: Einzelne Problemaspekte sind in hohem Maße interdependent, sodass sie nur schwer linear (wie es die Schriftsprache erzwingt) dargestellt werden können. Zudem wäre es förderlich, wenn der geneigte Leser bereits einen Überblick über systemtheoretische Überlegungen haben würde, um Teilaspekte adäquat einordnen zu können. Eine »Metaperspektive« erscheint aber wiederum nur durch die Integration einzelner Problembereiche erreichbar (vgl. ebd., S. 7).

Die Ausführungen insbesondere des ersten Teils des Buches sollten vor diesem Hintergrund betrachtet werden. Je tiefer der Leser »vordringt«, desto mehr häufen sich die Bezüge und Zusammenhänge. Vielleicht wird etwas Geduld und Durchhaltevermögen verlangt, man wird jedoch sicher belohnt durch neue Erkenntnisse einer zunächst ungewöhnlichen Art, (zirkulär) zu denken. Es wird versucht, eine möglichst lineare Darstellung zu verfolgen, die – notwendigerweise – durch Verknüpfungen und Bezüge charakterisiert ist. An einzelnen Stellen erscheint eine wiederholte Darstellung eines bereits bekannten Aspekts in einem anderen Kontext des besseren Verständnisses wegen notwendig.

Zwei systemtheoretische Ansätze

In der Systemtheorie der Sozialwissenschaft lassen sich zwei Ansätze unterscheiden:

- Ansätze, die Sozialsysteme aus Individuen bestehend sehen;
- Ansätze, die Sozialsysteme aus Kommunikation bestehend sehen

(vgl. Tschacher 1990, S. 89).

Die erste Auffassung entspricht der klassischen systemischen Sichtweise: Beispielsweise hat es der Teamberater nicht mit einem Individuum, sondern mit einer miteinander in Beziehung stehenden Gruppe von Menschen zu tun. In diesem Sinne besteht eine Gruppe aus den einzelnen Gruppenmitgliedern und ihren Beziehungen zueinander.

Das andere Konzept bezieht sich explizit auf den Kommunikationsprozess innerhalb einer Ansammlung von Einzelnen und beschreibt diesen gewissermaßen als »Interaktionssystem«, für welches sich auch bestimmte Grundregeln bestimmen lassen (vgl. Watzlawick u.a. 1969). Das Axiom »Man kann nicht nicht kommunizieren« (ebd., S. 53) etwa legt nahe, dass sich jegliches Handeln und Verhalten, welches sich in einer Gruppe abspielt, als Kommunikations- bzw. Interaktionssystem beschreiben lässt, in welches dann auch auf kommunikativer Ebene intervenierend eingegriffen werden kann. In diesem Buch wird dieser moderne Ansatz der Systemtheorie verfolgt:

> »Wir gehen davon aus, dass die sozialen Systeme nicht aus psychischen Systemen, geschweige denn aus leibhaftigen Menschen bestehen. Demnach gehören die psychischen Systeme zur Umwelt sozialer Systeme. Sie sind freilich ein Teil der Umwelt, der für die Bildung sozialer Systeme in besonderem Maße relevant ist ... Soziale Systeme (bilden) sich autonom und auf der Basis eigener elementarer Operationen.« (Luhmann 1994, S. 346)

Sozialsysteme basieren damit auf dem Operationsmodus der Kommunikation bzw. Interaktion. Unter Interaktion wird eine Sequenz von Botschaften verstanden, die zwischen wechselseitig aufeinander bezogenen Individuen ausgetauscht werden (vgl. Marc/Picard 1991, S. 33).

Diese neue systemtheoretische Auffassung verortet Personen außerhalb des sozialen Systems, weshalb sie häufig zunächst auf spontane Skepsis oder Ablehnung trifft und ihr u.a. Menschenfeindlichkeit vorgeworfen wird. Jedoch wird durch die theoretische Herausverlagerung des Menschen aus dem sozialen System die Bedeutung des Individuums nicht geschmälert, sondern betont. Denn durch diesen »Kunstgriff« lässt sich die Besonderheit der beteiligten Menschen unabhängig von den spezifischen Operationsweisen des Sozialsystems, in welches sie eingebunden sind, beschreiben (vgl. Willke 1992, S. 28). Damit werden Personen als autonome Einheiten aufgefasst, weshalb sie im Rahmen der im Folgenden dargestellten Theorie als »psychische Systeme« definiert werden. Diese theoretische Trennung macht es gerade möglich, im Sinne des Praxisbezugs die Kommunikationsgestaltung (Kap. I) auf der einen und die Individuen und intrapsychischen Prozesse (Kap. II) auf der anderen Seite zu beschreiben.

Durch die Trennung von sozialen und psychischen Systemen kann eine soziale, in sich geschlossene Dynamik der Operationsweise von Kommunikation und Beziehung beschrieben werden, innerhalb derer sich die intrapsychischen Prozesse der Einzelnen bewegen und durch jene beeinflusst werden. Auf der anderen Seite kann bei einer Fokussierung auf psychische Systeme Zugang zu individualpsychologischen Phänomenen geschaffen werden, die ihrerseits das kommunikative Handeln des Einzelnen bestimmen und so Einfluss auf die interaktionale und damit soziale Ebene nehmen. Insofern werden sowohl die Gesetzmäßigkeiten der Operationsweise des Sozialsystems in ihrer Wirkung auf Einzelne als auch die Intentionen und psychischen Bedingtheiten der Einzelnen in ihrer Wirkung auf die Gruppe betrachtet. Die hier dargelegte Systemtheorie verfolgt also im Sinne Luhmanns (1994) den Ansatz, welcher Sozialsysteme aus Kommunikation bestehend sieht. Vor diesem Hintergrund werden im Folgenden soziale Systeme beschrieben (vgl. hierzu u.a. Böse/Schiepek 1989; Kneer/Nassehi 1994; König/Volmer 1996; Ludewig 1992; Luhmann 1994; Willke 1982).

I. Soziale Systeme

1. Die Differenz von System und Umwelt

Wie entsteht ein System? Wenn ein Beobachter etwas betrachtet, so kann er alles, was er sieht, zusammenfassend als ein Ganzes betrachten (beispielsweise eine Landschaft, die er in ihrer Gesamtheit auf sich wirken lässt). Betrachtet unser Beobachter dagegen Einzelheiten (z.B. einzelne Häuser oder Bäume), so unterscheidet er zwischen dem Rest der Landschaft und diesem einzelnen Haus oder Baum. Eine Figur (System) wird von einem Hintergrund (Umwelt) abgegrenzt. Erst zu dem Zeitpunkt, zu dem unsere gedachte Person zwischen Haus und Umwelt unterscheidet (und nicht mehr das nicht ausdifferenzierte Ganze der Landschaft sieht), entsteht in der Welt des Betrachters das Haus. Vorher war es für ihn nicht existent. Unsere sozialwissenschaftliche Systemtheorie orientiert sich von daher bei der Erklärung der Systementstehung zunächst an der Wahrnehmung einer Differenz:

Systeme entstehen durch eine Unterscheidung von System und Umwelt. Diese systemhervorbringende Unterscheidung wird von einem Beobachter gemacht. Eine Einheit wird von einer Umwelt subjektiv durch den Betrachter unterschieden. Mit der Subjektivität des Betrachters ist hier die spezifische Art und Weise gemeint, mit der betrachtet und damit unterschieden wird. Der Betrachter ist auch als System zu verstehen, welches nach bestimmten Gesetzmäßigkeiten funktioniert. So kann unsere gedachte Versuchsperson beispielsweise bei Dunkelheit keine spezifischen Beobachtungen in der Landschaft machen, d.h., keine derartigen Unterscheidungen treffen.

> »Als Ausgangspunkt jeder systemtheoretischen Analyse hat ... die Differenz von System und Umwelt zu dienen. Systeme sind nicht nur gelegentlich und adaptiv, sie sind strukturell an ihrer Umwelt orientiert und könnten ohne Umwelt nicht bestehen. Sie konstituieren und sie erhalten sich durch Erzeugung und Erhaltung einer Differenz zur Umwelt, und sie benutzen ihre Grenzen zur Regulierung dieser Differenz.« (Luhmann 1994, S. 35)

Damit nimmt die moderne Systemtheorie als Ausgangspunkt für die Existenz eines Systems nicht einzelne Elemente, die zusammen genommen und mit ihren Beziehungen zueinander eine Einheit generieren. Vielmehr wird die Betrachtung zunächst auf die Abgrenzungsleistung des Systems zur Umwelt gerichtet, wodurch dieser Grenzbildung ein zentraler Stellenwert zukommt. Die Umgebung trägt den einen Teil, das System selbst den anderen zur Systembildung bei (vgl. ebd., S. 289). Diese wird aufrechterhalten durch eine Grenze, welcher die Aufgabe zukommt, sowohl zu trennen, als auch zu verbinden. Doch woran kann man eine Unterscheidung etwa einer speziellen Gruppe von anderen Menschen festmachen? Es werden Funktionen benötigt, anhand derer sich Sozialsysteme unterscheiden bzw. unterscheiden lassen.

> »(Grenzen) können verstanden werden als der Zusammenhang selektiver Mechanismen, die die Kriterien freisetzen, nach denen zwischen dazugehörigen und nicht-dazugehörigen Interaktionen unterschieden wird. Bei Organismen werden diese Grenzen im Wesentlichen durch Sinne, beim Menschen im Wesentlichen durch Sinn bestimmt.« (Willke 1982, S. 147)

Wir haben es also bei den Grenzen des Sozialsystems mit einem Phänomen zu tun, welches nach bestimmten Kriterien eine Auswahl trifft. Diese Operation orientiert sich sehr eng an der ersten, systemkonstituierenden Unterscheidungsfrage »Was gehört dazu, was nicht?« oder: »Wer sind wir, wer sind wir nicht?«. Damit stehen die Grenzen in einem unmittelbaren Zusammenhang mit dem Sinn des Systems: Es wird davon ausgegangen, dass jedes soziale System eine spezifische Sinnstruktur aufweist, die die Grenzziehung zur Umwelt bestimmt (vgl. Luhmann 1994, S. 94ff.). Die Dazugehörigkeit zu einer Arbeitsgruppe etwa und die Definition dieser ist eng mit der Thematik der speziell ausgeübten Tätigkeit verbunden, z.B. Beratung. Der »Sinn« eines sozialen Systems »Beratungsstelle« läge in der Beratungstätigkeit, die sich einer bestimmten Zielgruppe mit spezifischer Problematik annimmt. Wenn jemand nicht Beratung ausüben, sondern Fechten lernen will, muss er sich einem sozialen System (Fechtverein) anschließen, welches als Sinnthema »Fechten« selektiert hat und sich über dieses definiert (vgl. hierzu auch »10. Sinn«, S. 29).

Aus dieser theoretischen Überlegung der systemkonstituierenden Differenz zwischen System und Umwelt folgt für die Praxis, dass die Umwelt bei der Betrachtung eines bestimmten Systems eine wesentliche Rolle spielt, mitberücksichtigt und nach Möglichkeit in die Arbeit miteinbezogen werden sollte, um Veränderungen im System zu bewirken.

2. Interne Systemdifferenzierung

Die systemkonstituierende Unterscheidung wird nun in der Einheit selbst weitergeführt und erwirkt damit Komplexität. »Je stärker sich Ganzheit intern differenziert, desto stärker ist mit erhöhter Komplexität zu rechnen.« (Bürschel 1990, S. 26) Der Prozess der Komplexitätsbildung steht dem oben beschriebenen Differenzierungsprozess der Umwelt gegenüber sehr nahe; jetzt wird allerdings intern ausdifferenziert. Man kann also sagen, dass sich die Ausdifferenzierung eines Systems durch die Wiederholung der Systembildung aufgrund der System/Umwelt-Unterscheidung vollzieht, jedoch innerhalb des Systems. Es bilden sich also Systeme im System, wobei für jedes interne System die restliche Innenwelt des Gesamtsystems Umwelt darstellt. Das System stellt nun nicht mehr nur eine Unterscheidung zur Umwelt dar, denn im System wird nun weiterunterschieden anhand der Kategorie intern – extern. Auf diese Weise bilden sich Subsysteme heraus, die jeweils durch ihren Kontakt zur Umwelt (die Innenwelt des Gesamtsystems ist) einen unterschiedlichen Blickwinkel zum Restsystem haben. Das System wird in sich selbst abgebildet, der Unterschied wird weiter unterschieden, die Differenz zur Umwelt wird intern weiter differenziert. So kommt es zu einem Enthaltensein im Enthaltensein im Enthaltensein ... Dieser Prozess kann theoretisch endlos weitergehen, sodass eine Einheit immer komplexer wird.

Am Beispiel der Beratungsstelle kann man sich vorstellen, dass sich im Laufe der Zeit mit einer stetig steigenden Mitarbeiterzahl Untereinheiten bilden. Es wird innerhalb des Gesamtsystems unterschieden z.B. in eine Abteilung »Beratung von Kindern und Jugendlichen« und »Beratung von Erwachsenen« (Unterscheidungskriterium: Alter der Zielgruppe), in »Beratung bei Partnerschafts- und Eheproblemen« und »Beratung bei Problemen in der beruflichen Situation« (Unterscheidungskriterium: Art der Problematik) etc. Es bilden sich Subsysteme heraus, die wiederum unterschieden werden. Es wird deutlich, dass die gezeigten Ausdifferenzierungsmöglichkeiten letztlich permanent fortgesetzt werden könnten. Wenn man darüber hinaus berücksichtigt, dass neben den formalen Unterscheidungen gerade die informellen (bekannt als informelle Struktur) eine wichtige Rolle in einer Gruppe oder Organisation darstellen, kann man die Komplexität der Systemdifferenzierung erahnen.

Zusammenfassend kann formuliert werden, dass sich nach Luhmann (1994) auf der Basis der System/Umwelt-Differenz und der Systemdifferenzierung ein System als Unterschied definieren lässt. Ein System konstituiert sich aufgrund einer Differenz. Alles, was sich innerhalb eines Systems entwickelt und ausbildet, vollzieht sich ebenfalls auf der Basis der Differenzierung. *Dieser Unterschied basiert auf der spezifischen Sinnverarbeitung des Sozialsystems.* Was dem Systemzusammenhang »Beratungsstelle« als »sinnvoll« zugeschrieben werden kann, wird verarbeitet (z.B. das Ausbilden einer Abteilung für die Beratung von Kindern und Jugendlichen), was dem Systemzusammenhang »Beratungsstelle« als »sinnlos« erscheint, wird nicht verarbeitet (z.B. die Beschäftigung mit der Sportart Fechten).

Je weiter ein System intern ausdifferenziert ist und demzufolge mehr unterscheidbare Subsysteme vorhanden sind, desto komplexer ist die Struktur, mit welcher der Berater konfrontiert ist.

3. Elemente und Relationen

Begreift man ein System als ein komplexes Gebilde, muss man dessen Elemente und Relationen sowie dessen Grenzen bestimmen. Demzufolge orientierten sich die Sozialwissenschaftler der fünfziger Jahre an der Begriffsbestimmung: »Ein System ist ein Aggregat von Objekten und Beziehungen zwischen den Objekten und ihren Merkmalen.« (Hall/Fagan zit. nach Ludewig 1992, S. 87) Dieser Auffassung liegt zugrunde, dass die Elemente bereits als vor und damit unabhängig von der Systembildung bestehend angesehen werden. Das System bündele nur die Eigenschaften der einzelnen Elemente, wodurch ein Ganzes entstehe, das mehr sei als die Summe seiner Teile. Diese Perspektive verstellt jedoch den Blick darauf, *dass sich Eigenschaften von einzelnen Elementen erst aus Beziehungszusammenhängen und Interaktionen ergeben* – was in neuerer Zeit von der Systemtheorie und systemisch orientierten Praktikern betont wird:

> »Interaktionsmodi und Eigenschaften von Objekten sind untrennbar miteinander verknüpft. Daher hat es wenig Sinn zu behaupten, dass Objekte unabhängig von ihren aktuellen Interaktionen (in einem Milieu) Eigenschaften ›an sich‹ besäßen. Diese ergeben sich vielmehr aus der Interaktion und verändern sich zusammen mit den Interaktionsmodi. Neue Eigenschaften (Qualitäten) emergieren – sowohl in den Komponenten als auch im System – durch den Prozess der Systembildung oder ›Relationierung‹. Objekte werden erst zu Kompenenten von Systemen, wenn sie bereits neue Interakionsmodi und Eigenschaften ausgebildet, sich also erneuert haben.« (Ludewig 1992, S. 87)

Für die Arbeit mit Menschen und/oder Gruppen bedeutet dies, dass der systemische Berater nicht mit einem Eigenschaftsmodell operiert (»Der Mitarbeiter A ist unmotiviert«), sondern derartige »Eigenschaften« immer in Korrelation zu den Kommunikationsmustern innerhalb des Systems (hier: Arbeitsgruppe) und individuellen Bedeutungsgebungen versteht (»Was muss Mitarbeiter A tun, damit sein Chef meint, er sei unmotiviert?«). *Dadurch werden personale Eigenschaften »verflüssigt« und Probleme innerhalb eines ganzen Wirkungsgefüges* (System Arbeitsgruppe) *verortet.*

Diese Herangehensweise charakterisiert eine zentrale Komponente systemischen Denkens: *Eigenschaften und Beziehungen interdependieren.* Für die beraterische oder therapeutische Orientierung ist damit auch ausgedrückt, dass innerpsychische und interpersonelle Prozesse gewissermaßen aufeinander angewiesen sind und zusammengehörig betrachtet werden. Dieses Denken in zirkulären Kreisprozessen und Interdependenzen zeichnet systemische Theorie und Praxis aus. Luhmann greift den Zusammenhang von Element- und Beziehungseigenschaften theoretisch auf. Es werden Differenzen postuliert, die als Einheiten formuliert werden: Er sieht die bereits beschriebene System/Umwelt-Differenzierung, auch als Einheit. Dem entspricht die Einheit Element/Relation: ein Sowohl-als-Auch bzw. ein gegenseitiges Bedingen von Elementen und Beziehungen. »Systeme werden … durch die *Einheit der Differenz* konstituiert.« (Luhmann 1994, S. 88)

4. Komplexität

Systeme erhöhen durch interne Ausdifferenzierung ihren Komplexitätsgrad. Dadurch kann Umweltkomplexität besser und damit differenzierter verarbeitet werden.

Je mehr Abteilungen beispielsweise ein Unternehmen gebildet hat, desto spezifischere Arbeitsaufgaben können bewältigt werden. Es können mehrere Produkte für verschiedene Zielgruppen konzipiert werden, wodurch mehr Impulse (z.B. das Vorhandensein verschiedener Zielgruppen) von außen aufgenommen und mehr Einfluss (Angebot unterschiedlicher Produkte) nach außen bewirkt werden kann. Willke (1982, S. 15) versteht unter »Komplexität ... den Grad der Vielschichtigkeit, Vernetztheit und Folgelastigkeit eines Entscheidungsfeldes«.

Durch ausdifferenzierte Subsysteme innerhalb einer Einheit entsteht eine Vielzahl interner Korrelationen. Je mehr Elemente gebildet werden, desto mehr Beziehungen entstehen, wobei bei einer konstanten Steigerung der Elementenzahl die Anzahl der Beziehungen exponentiell steigt. Irgendwann ist der Punkt erreicht, an welchem nicht mehr alle Elemente miteinander in Verbindung gebracht werden können. *In diesem Sinne bedeutet Komplexität Selektionszwang* (vgl. Luhmann 1994, S. 47). Selektionen, die das System vornimmt, werden wiederum geordnet und sind somit eine emergente Eigenschaft des Systems: *Als Emergenz ist die selektive Verknüpfung von Elementen des Systems zu verstehen*; sie ist »nicht einfach Akkumulation von Komplexität, sondern Unterbrechung (von Umweltkomplexität; Anm. d. Verf.) und Neubeginn des Aufbaus von Komplexität« (ebd., S. 44). Durch Emergenz kann die Einheit Umweltkomplexität insofern verarbeiten, als sie nur spezifische Umwelteinflüsse aufnimmt.

Ein System zeichnet – auch bei einer starken Ausdifferenziertheit – immer eine Komplexitätsunterlegenheit gegenüber der Umwelt aus, da das Milieu immer vielschichtiger ist als eine Einheit, die sich aus einer Ganzheit herausnimmt. Nehmen wir zur Veranschaulichung ein nicht lebendiges, materielles System: das Auto. Die Straßen, die Landschaft, der Fahrer, die Insassen, die anderen Verkehrsteilnehmer, das Wetter, das gesamte Ökosystem usw. wären als Umwelt denkbar. Umwelt ist unendlich differenzierbar. Man mag einwenden, dass dies für unser »Autosystem« ebenso zutrifft. Sicherlich wäre hier denkbar, nicht nur den Motor von den Reifen, das Lenkrad von den Sitzen zu unterscheiden. Ein Kfz-Mechaniker wird auf Anhieb eine sehr viel differenziertere Betrachtung haben als ein Laie. Theoretisch denkbar wäre eine Unterscheidung der Einzelteile bis zu kleinsten atomaren Teilchen. »Sinnvoll« allerdings – um ein Auto reparieren zu können (dies ist der Sinn des Systems Kfz-Mechaniker) – ist eine Unterscheidung in die auszutauschenden Einzelteile des Fahrzeugs. Allein das Argument, dass zur Umwelt eines Autos viele andere Autos gehören, führt uns zu der Aussage zurück, dass ein Komplexitätsgefälle zwischen System und Umwelt besteht: Die Umwelt ist immer komplexer und damit vielschichtiger und unberechenbarer.

Diese Überlegungen sind auf komplexe Sozialsysteme übertragbar. Der Komplexitätsunterschied hat für das soziale System eine funktionale Komponente: Es kann eine verschiedenartige Behandlung von internen und externen Begebenheiten vollzogen werden. Das Komplexitätsgefälle (als Grenze verstanden) ermöglicht es beispielsweise einer Familie die eigene von der Umweltkomplexität zu unterscheiden und jeweils anders auf Reize von außen zu reagieren oder nicht zu reagieren.

> »Während interne Ereignisse/Prozesse für das System vermutlich relevant sind, also Anschlusshandeln auslösen, sind Ereignisse/Prozesse der Umwelt für das System vermutlich irrelevant; sie können unbeachtet bleiben. … (Man kann) die Ausdifferenzierung eines Systems auch beschreiben als Steigerung der Sensibilität für Bestimmtes (intern Anschlussfähiges) und Steigerung der Insensibilität für alles Übrige – also Steigerung von Abhängigkeit und von Unabhängigkeit zugleich.« (Ebd., S. 250)

In diesem Sinne bedeutet Systembildung nicht, Komplexität an sich zu steigern, sondern eine andere Komplexität herauszubilden. Komplexität wird intern organisiert und handhabbar gemacht, wodurch

> »ein System sowohl gegenüber seiner Umwelten als auch gegenüber seinen internen Möglichkeiten (Kontingenzen) ein hohes Maß an spezifischer Selektivität aufbringt. Dies wiederum hat die praktische Folge, dass es sich gegenüber den meisten Ereignissen in seiner Umwelt indifferent verhält, sich also nur von wenigen spezifischen Ereignissen beeindrucken lässt und dass es einen eigenen Spielraum von Möglichkeiten und Alternativen annimmt und solche Entscheidungen fällt, welche mit seiner spezifischen Sicht von sich selbst übereinstimmen.« (Willke 1992, S. 25)

Folglich besteht keine enge Verknüpfung zwischen Umweltursachen und Systemwirkungen. Vielmehr reagieren Sozialsysteme auf viele externe Veränderungen bemerkenswert gering. Damit ist ausgesagt, dass z.B. Familien auf viele Interventionsstrategien des Familientherapeuten nicht anspringen, womit ihre Struktur als starr erscheint. Jedoch können derartige Systeme stark auf spezifische Einflüsse oder Interventionen reagieren, da jede komplexe Einheit gewisse »Stellen« oder »Druckpunkte« aufweist, auf die sie – allerdings nicht linear vorhersagbar, sondern aufgrund ihres inneren Verarbeitungszustandes – sensibel reagiert (vgl. ebd., S. 26f.).

Für den Berater bedeutet dies, dass er im Kontakt mit dem Klientensystem gewissermaßen verschiedene »Versuchsballons« steigen lassen muss und beobachten kann, auf welche von ihm gegebenen »Inputs« das System wie reagiert.

Erinnern wir uns an die nicht-triviale Maschine: Eine gewisse Eingabe (eine Umweltveränderung, die vom System als relevant wahrgenommen und intern verarbeitet wird) führt zu unvorhergesehenen Ergebnissen (veränderten Systemzuständen). Die Verarbeitung spezifischer Umweltreize hängt jedoch vom jeweiligen Zustand des Systems ab, wodurch dieselben Interventionen zu verschiedenen Zeitpunkten zu differierenden Ergebnissen führen können. In der Operationsweise wird auf den eigenen internen Zustand reagiert, sodass eine »rekursive Selbstkonditionierung« (Willke 1992, S. 26) einsetzt, die sich zu Eigenwerten und einer Systemidentität verdichten kann.

Diese Systemidentität zu erfassen und damit in interne Strukturen und Prozesse Einsicht zu nehmen ist für den außenstehenden Beobachter nicht möglich. Gleichwohl kann man sich am äußeren Verhalten und damit an den »Ergebnissen« dieser inneren Strukturen und Prozesse orientieren. Um diese nicht einsehbare Ordnung und die Fähigkeit einer komplexen Einheit zu bezeichnen, bestimmte Zustände einnehmen und damit in der Umweltverarbeitung in sehr starkem Maße auf sich selbst reagieren zu können, spricht Watzlawick (1969) im Zusammenhang mit dem Systembegriff von »*black box*«.

Für die praktische Arbeit bedeutet dies, dass die Komplexität und die Wirkungszusammenhänge eines Sozialsystems nicht einsehbar sind. Es reagiert auf Beeinflussung von außen (Intervention) gemäß seiner nicht objektiv erkennbaren eigenen Struktur und nicht entsprechend den Planungen und Absichten des Beraters.

5. Kontingenz

Wir hatten formuliert, dass Komplexität innerhalb des Systems Selektionszwang bedeutet. Alle Möglichkeiten der Verknüpfung, die nicht gewählt werden, bleiben jedoch als potenzielle Verknüpfungen vorhanden. *Dieses »Auch-anders-möglich-Sein« wird als Kontingenz bezeichnet. Der Begriff umfasst alle inneren Beziehungsalternativen und Möglichkeiten der Abstimmung, die derzeit nicht aktualisiert werden.*

Willke (1982, S. 17) erklärt den Kontingenz-Begriff als in der scholastischen Philosophie wurzelnd, »wo er die Möglichkeit bezeichnet, dass etwas ist oder auch nicht ist … Menschen haben im Prinzip die Möglichkeit, unvorhergesehen, überraschend, variabel, offen, also kontingent zu handeln und ebenso kontingent zu reagieren«. Kontingenz bezieht sich damit auf den Möglichkeitsbereich, der im System selbst liegt. Sie wird als Freiheit erfahren. Es sind die Handlungsalternativen, die einem System in einer bestimmten Situation zur Verfügung stehen (vgl. ebd., S. 20).

Kontingenzen (vor einem tiefenpsychologischen Hintergrund würde man von dem »Unbewussten« der Gruppe sprechen) sind derzeit nicht genutzte Potenziale innerhalb des sozialen Systems. Der Berater wird sich als »Entwicklungshelfer« an diesen nicht aktualisierten Möglichkeiten orientieren.

Als Folge für die praktische beraterische Tätigkeit ergibt sich, dass ein Sozialsystem nicht genutzte, kontingente Möglichkeiten aufweist, welche durch geeignete Verfahren aktiviert und erschlossen werden können.

6. Selbstreferenzialität

Selbstreferenzialität bedeutet, dass eine Einheit in ihrer Dynamik immer wieder auf sich selbst zurückkommt, an sich selbst anschließt:

> »Eine Theorie selbstreferenzieller Systeme behauptet, dass eine Ausdifferenzierung von Systemen nur durch Selbstreferenz zustande kommen kann, das heißt dadurch, dass die Systeme in der Konstitution ihrer Elemente und ihrer elementaren Operationen auf sich selbst (sei es auf Elemente desselben Systems, sei es auf Operationen desselben Systems, sei es auf die Einheit desselben Systems) Bezug nehmen.« (Luhmann 1994, S. 25)

Das System verhält sich gewissermaßen immer zu sich selbst, wodurch sich auch eine Systemidentität ausbilden kann (vgl. Böse/Schiepek 1989, S. 143).

Somit reagieren soziale Einheiten, wenn sie auf Umweltreize reagieren, auf sich selbst. Der Berater muss dennoch durch eine spezifische Kontaktgestaltung erreichen, dass das System zur Weiterentwicklung angeregt wird. Dies kann nur geschehen, wenn seine Kommunikationsbeiträge in der Gruppe als zu berücksichtigender Umweltreiz aufgenommen und intern verarbeitet werden.

7. Operationale Geschlossenheit

Das soziale System grenzt sich von der Umwelt ab. Insofern ist es ein geschlossenes System. In seiner Operation bezieht es sich ausschließlich auf sich selbst. Dies bezeichnet man als operationale Geschlossenheit. Diese Selbstreferenzialität ist als rekursives Muster vorstellbar: Der Prozess der Selbsterhaltung kommt immer wieder auf sich selbst zurück und ist ohne »Importe« aus der Umwelt vorstellbar.

Dennoch sind Systeme umweltoffen. Lebewesen nehmen Nahrung auf, jede Zelle steht im Kontakt mit der Umwelt, mit der sie Materie und Energie austauscht, und jede Gruppe oder Organisation befindet sich in einer Beziehung zu ihrer Umwelt. Das aber scheint nun der oben beschriebenen Vorstellung der operationalen Geschlossenheit zu widersprechen. Eine zentrale These der Theorie selbstreferenzieller Systeme jedoch ist, dass der Umweltkontakt, über welchen lebende Systeme verfügen, erst durch die operationale Geschlossenheit ermöglicht wird. Der Austausch von Energie und Materie zwischen der Zelle und ihrer Umwelt z.B. wird von der Zelle gesteuert und kanalisiert. Es liegt also ein sehr spezieller Kontakt mit der Außenwelt vor, der auch für soziale Systeme gilt. Die Einheit regelt gemäß ihrer individuellen Organisation und Struktur den Umweltkontakt selbst. Man kann formulieren, dass die Geschlossenheit der Systemorganisation die Voraussetzung für ihre Offenheit darstellt (vgl. Kneer/Nassehi 1994, S. 51). Die Organisationsstruktur eines Sozialsystems kann somit als geschlossen bezeichnet werden, die gleichzeitig für Anregungen und Anstöße aus der Umwelt offen ist, um diese systemadäquat zu verarbeiten.

Die operationale Geschlossenheit führt zu einer neuen Eigenschaft: *Autonomie.* Dadurch, dass Umweltereignisse bzw. -einflüsse mit Hilfe der geschlossenen Organisationsform und der spezifischen Struktur des Systems verarbeitet werden, kann man ihnen – wie beschrieben – keine direkte, allenfalls eine indirekte Wirkung zuschreiben.

> »Was die spezifischen Freiheitsgrade lebender Systeme ausmacht, ist gerade die Möglichkeit, Umweltanstöße durch den Filter operational geschlossener, systemeigener ›Sprache‹ und Prozesse betrachten zu können, um dann ›selbst‹ (d.h. strukturdeterminiert) über die Art und Bedeutung dieser Anregungen entscheiden zu können.« (Böse/Schiepek 1989, S. 121f.)

Autonomie verhilft Systemen dazu, aus dem Bereich der Umweltkomplexität einen Bereich der Relevanz herauszubilden, auf welchen dann intern reagiert wird, während der irrelevante Bereich zu keinen Anschlussprozessen führt.

In engem Zusammenhang mit dem Begriff der Selbstreferenzialität steht die *»Anschlussfähigkeit«:* Unter der selbstreferenziellen Operation darf man sich nicht eine einfache Wiederholung der Arbeitsweise des Systems vorstellen, also einen einfachen Kreisprozess, der in sich geschlossen ist und somit immer wieder zum Ausgangspunkt zurückkehrt. Vielmehr bedeutet operationale Geschlossenheit, dass die Einheit intern an sich selbst anschließt, d.h. neue Komponenten/Relationen ausdifferenziert. Würde nur ein sich permanent auf der gleichen Ebene vollziehender Vorgang vorliegen, wäre keine Evolution, keine Entwicklung möglich. Das System würde innerhalb seiner Strukturen erstarren. *Anschlussfähigkeit bedeutet, dass ein System die Möglichkeit hat, durch den Prozess der Selbstreferenzialität zu neuen Ergebnissen zu kommen, neue Ausdifferenzierungen zu produzieren.*

8. Autopoiesis

Der Begriff der *Autopoiesis* (geprägt von Maturana nach dem griechischen *autos* und *poiein* für Selbstgestaltung: *autopoiesis*; vgl. Maturana 1996, S. 36) geht noch einen Schritt weiter: Die Fähigkeit des Systems, *sich selbst zu produzieren und zu erhalten, wird betont.* Autopoiesis wird von den Biologen Maturana und Varela zunächst sehr »mechanistisch« definiert mit dem Vorteil, dass sie ein Erklärungsmuster für die Arbeitsweise von Lebewesen entwickeln können, welches innerhalb des geschlossenen Bereiches der Biologie und der Naturwissenschaft bleibt, ohne auf darüber hinausgehende Ansätze z.B. aus der Philosopie oder auf übernatürliche Theorien zurückgreifen zu müssen:

> »Eine autopoietische Maschine ist eine Maschine, die als ein Netzwerk von Prozessen der Produktion (Transformation und Destruktion) von Bestandteilen organisiert (als Einheit definiert) ist, das die Bestandteile erzeugt, welche 1. aufgrund ihrer Interaktionen und Transformationen kontinuierlich eben dieses Netzwerk an Prozessen (Relationen), das sie erzeugte, neu generieren und verwirklichen, und die 2. dieses Netzwerk (die Maschine) als eine konkrete Einheit in dem Raum, in dem diese Bestandteile existieren, konstiuieren, indem sie den topologischen Bereich seiner Verwirklichung als Netzwerk bestimmen.« (Maturana 1982, S. 184f.)

Vergegenwärtigen wir uns noch einmal die eben dargestellte Definition: *Ein System kann man dann als autopoietisch bezeichnen, wenn es in seiner Arbeitsweise (Operation) andauernd die inneren Prozesse, aus denen es selbst besteht, herstellt und damit erhält und wenn es diese Prozesse als Netzwerk innerhalb eines zur Umwelt hin abgrenzbaren Bereichs aufrechterhält.*

Das Produkt der Organisation des Systems ist das System selbst. Zu den bereits beschriebenen Prinzipien der operationalen Geschlossenheit und Selbstreferenzialität kommt noch das Moment der Selbsterzeugung und Selbsterhaltung mit hinzu. Lebewesen – das Konzept der Autopoiesis gilt für lebendige Systeme – charakterisieren sich also dadurch, dass sie sich permanent selbst herstellen. Dies ist im Begriff der autopoietischen Organisation ausgedrückt, die sich anhand spezifischer Beziehungen im System manifestiert. Autopoiesis wird verwirklicht, indem das System in einem zirkulären Prozess die Bestandteile, aus denen es selbst besteht, selbst produziert. Dagegen sind nicht-lebende Systeme nicht autopoietisch organisiert: Von einem Motor beispielsweise kann nicht behauptet werden, dass er die Bestandteile, aus denen er besteht, selbst herstellt und seine Organisation selbst aufrechterhält.

Autopoietische Organisation kann sich in verschiedenen Strukturen vollziehen. *Alle lebendigen Systeme besitzen die gleiche autopoietische Organisation, aber unterschiedliche Strukturen.* Unter *Organisation* sind nach Maturana/Varela die Relationen zu verstehen, »die zwischen den Bestandteilen von etwas gegeben sein müssen, damit es als Mitglied einer bestimmten Klasse erkannt wird« (1987, S. 54). Dagegen werden »unter der *Struktur* von etwas ... die Bestandteile und die Relationen verstanden, die in konkreter Weise eine bestimmte Einheit konstituieren und ihre Organisation verwirklichen« (ebd., S. 54). Anhand dieser näheren Bestimmung von Organisation und Struktur kann nun zwischen der organisatorischen Eigenschaft des Systems (autopoietische Organisation) und seiner konkreten, gegenwärtigen strukturellen Erscheinungsweise unterschieden werden: Während die autopoietische Organisation bestehen bleibt, verändert sich die Struktur, da sich die Einheit permanent aufgrund der ablaufenden Differenzierungsprozesse weiterentwickelt.

Zur Eigenschaft autopoietischer Systeme gehört auch – siehe obige Definition –, dass sie durch ihre inneren Operationen nicht nur ihre eigenen Komponenten erzeugen, sondern auch einen Rand konstituieren, welcher wiederum die innere Dynamik der Selbstherstellung und Selbstgestaltung ermöglicht. Der interne Prozess und die

Grenze bedingen sich also wechselseitig – das eine ist ohne das andere nicht möglich (vgl. Maturana/Varela 1987, S. 53). Damit ergibt sich im Inneren des Systems eine operationale Geschlossenheit der autopoietischen Organisation. Dies ermöglicht Autonomie, die dem System dazu verhilft, aus der Umweltkomplexität einen Bereich der Relevanz herauszubilden, auf welchen dann intern reagiert wird, während als »irrelevant« eingestufte Reize zu keinen Anschlussprozessen führen. Das autopoietische System organisiert die Handhabung seiner Grenzen und bildet durch spezifisch gestalteten Umweltkontakt intern eine »relevante Umwelt« ab. Denn aus der Sicht des Systems liegt bei einer veränderten Umweltlage diese nicht im eigentlichen, gemeinhin gemeinten Sinne vor; vielmehr handelt es sich um eine interne Abbildung, eine interne Verarbeitung einer Umwelt, die dann zu weiteren internen Prozessen Anlass gibt (vgl. beim Sehen: Wir sehen nicht das, was in der Umwelt »tatsächlich« existiert, sondern wir haben eine Netzhaut, die auf die ihr spezifische Weise Umgebungseindrücke aufnimmt und zur Verarbeitung weitergibt). Man kann folgern, dass ein bestimmter Umwelteinfluss nur außerhalb des Systems existiert, dessen Wahrnehmung und Verarbeitung dann innerhalb des Systems vollzogen wird. Das heißt der Umweltreiz dringt nicht ein in das System, gleichwohl manifestiert er sich aber als Berührpunkt an der »Wahrnehmungsgrenze« oder »Relevanzgrenze« einer Einheit, vorausgesetzt, er ist für das System überhaupt wichtig. Dies würde dann zu einem internen Anschlussprozess führen. Dieser ermöglicht es, durch den autopoietischen bzw. selbstreferenziellen Prozess zu neuen Ergebnissen zu kommen, neue Unterscheidungen zu treffen und so Ausdifferenzierungen zu produzieren. Folgende Abbildung veranschaulicht die dargelegten Zusammenhänge:

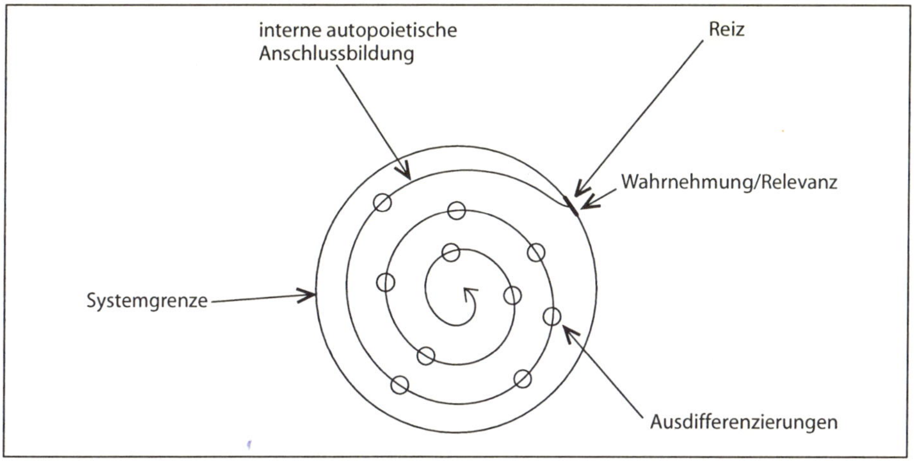

Abb. 3: Umweltreizverarbeitung des autopoietischen Systems

Stellt man sich vor, dass man z.B., angeregt durch einen neuen Freund, auf ein völlig neues Gebiet stoßen kann, lässt sich das Gesagte veranschaulichen: Unser Freund ist Yoga-Lehrer, und wir erhalten Einblick in Theorie und Praxis dieser Lehre. Was vorher in uns nicht vorhanden war (Yoga-Kenntnisse), ist nun aufgrund eines inneren Prozesses entstanden (Umweltreiz: Yoga-Lehrer; der Wahrnehmungspunkt war auf »Yoga-Relevanz« gestellt; der interne Prozess der »Yoga-Selbstreferenzialität« begann).

Im Folgenden werden die Begriffe »Selbstreferenzialität« und »Autopoiesis« synonym verwendet, da beide in der sozialwissenschaftlichen Diskussion der Systemtheorie gebräuchlich sind, in Bezug auf Sozialsysteme jedoch im Kern den gleichen Bedeutungsgehalt haben: Gemeint ist internes Prozessieren, durch welches im Rahmen der operationalen Geschlossenheit Anschlussbildungen produziert werden.

9. Strukturdeterminismus

Die gegenwärtige Struktur eines Systems legt die Möglichkeiten der Anschlussbildung fest.

> »Es wird davon ausgegangen, dass sämtliches Verhalten lebender wie nicht lebender Objekte vollständig durch deren Struktur determiniert ist. Die Struktur eines Objektes determiniert sein Verhalten, nicht die Umwelt.« (Böse/Schiepek 1989, S. 172)

Die gegenwärtige Struktur eines selbstreferenziellen Systems gibt den Rahmen vor, innerhalb dessen eine Veränderung möglich ist. Kommt durch die Bildung eines Anschlusses (vorstellbar als neues Element) eine Veränderung zustande, so hat sich damit auch die Struktur des Ganzen gewandelt. Damit liegt ein neuer Zustand vor, der wiederum potenzielle Veränderungen zulässt und andere ausschließt. Die Struktur eines Systems und die Entwicklungsmöglichkeit stehen in einem engen Wechselverhältnis zueinander. Sie sind rückgekoppelt derart, dass eine Veränderung und Erweiterung des einen eine Veränderung und Erweiterung des anderen zur Folge hat. Die aktuelle Systemstruktur ist also anhand der Vergangenheit gegeben und prägt die weitere Entwicklung. Umgekehrt findet eine ständige Weiterentwicklung statt, die bestimmte momentane Zustände des Systems zur Folge hat. Struktur und Wandel bedingen sich gegenseitig. Es ist allerdings wichtig zu sehen, dass sich eine gewisse Vorherbestimmtheit nur auf das Systeminnere, auf dessen Arbeitsweise beziehen kann und nicht auf die komplexe Außenwelt. Insofern liegt zwar Strukturdeterminismus vor, aber keine Vorherbestimmung:

> »Systeme können – wie Lebewesen beweisen – deterministisch sein, ohne dass ihr Verhalten vorherbestimmt wäre, weil sie in ihrer Geschichte anderen Systemen begegnen und sich dadurch verändern. So ermöglicht die Konstitution zwar alles, legt aber nicht fest, was geschieht, denn dies ergibt sich im Wechselspiel mit dem Medium.« (Maturana 1996, S. 223)

Die innere Struktur (Konstitution) ist offen zur Verarbeitung einer ganzen Bandbreite von Umwelteinflüssen, von der jedoch nur ein ganz bestimmter Vorfall eintritt. Das System verarbeitet diesen selbstreferenziell mit dem Ergebnis einer veränderten Struktur, die wiederum für eine (veränderte) Fülle von relevanten Umweltreizen offen ist.

Für die Beratung bedeutet dies, dass sich während eines Beratungsprozesses sowohl das Klientensystem als auch der Berater (oder das Beraterteam) permanent verändern. Bestimmte Sachlagen oder Einflüsse können zu unterschiedlichen Zeiten Unterschiedliches bewirken.

10. Sinn

Wie in anderen Zusammenhängen bereits angedeutet, orientieren sich Sozialsysteme an »Sinn«. Durch den Aufbau sinnhaft verstehbarer Symbolsysteme wird die Möglichkeit geschaffen, nur an bestimmte Umweltereignisse anzuschließen, diese also intern weiterzuverarbeiten bzw. zu thematisieren. Unter »sinnhaft verstehbaren Symbolsystemen« ist Kommunikation gemeint. Sinn wird in sozialen Systemen über Kommunikation prozessiert. Wenn man sich vorstellt, dass ein Neuling anfangs in einer Gruppe auf für ihn »sinnlose« Dinge oder Verhaltensweisen stößt, die er bislang nicht kennt, weil sie offensichtlich zur spezifischen Sinnstruktur der neuen Gruppe gehören, kann man den angesprochenen Sachverhalt nachvollziehen: Eine bestimmte Sinnstruktur ist untrennbar mit einem spezifischen sozialen System verbunden.

> »Mit jedem Sinn, mit beliebigen Sinn wird unfassbar hohe Komplexität (Weltkomplexität) appräsentiert und für die Operationen ... sozialer Systeme verfügbar gehalten. Sinn bewirkt dabei einerseits: dass diese Operationen Komplexität nicht vernichten können, sondern sie mit der Verwendung von Sinn fortlaufend regenerieren ... Andererseits reformuliert jeder Sinn den in aller Komplexität implizierten Selektionszwang, und jeder bestimmte Sinn qualifiziert sich dadurch, dass er bestimmte Anschlussmöglichkeiten nahe legt und andere unwahrscheinlich oder schwierig oder weitläufig macht oder (vorläufig) ausschließt.« (Luhmann 1994, S. 94)

Sinn schränkt die Anschlussmöglichkeiten ein, wobei dies vor allem auf der zeitlichen Ebene geschieht: Später kann dann auch über einen anderen Sinnzusammenhang gesprochen werden. Soziale Systeme verarbeiten Welt mit Sinn. Sinn kann somit als übergeordnete Dimension verstanden werden, welche auch die Differenz zwischen System und Umwelt umfasst: Da nicht nur innerhalb des Systems, sondern auch (aus der Sicht des Systems) in der externen Welt Sinn gegeben ist, sind die Grenzen zur Umwelt Sinngrenzen (vgl. ebd., S. 95). Innerhalb des Systems wird nur ein bestimmter systemspezifischer Sinn behandelt.

Für soziale Systeme ist Sinn ein Unterscheidungskriterium, welches zunächst systemkonstituierend wirkt durch die grundlegende Unterscheidung zwischen System und Umwelt, dann jedoch auch intern weitervollzogen wird als sich fortführende interne (Sinn-)Differenzierung. Ein soziales System lässt sich von der Umwelt durch die spezifische Weise, einen bestimmten Sinnzusammenhang zu bearbeiten, als abgrenzbar bestimmen. Ferner wird der behandelte Sinn intern unterschieden und beispielsweise an verschiedene Subsysteme zur Weiterverarbeitung delegiert. Ein Wirtschaftsunternehmen beispielsweise wird sich an der Sinnstruktur »Maximierung der Ertragslage« orientieren. Die innersystemische Arbeitsweise wird sich aufteilen und damit differenzieren: Ein bestimmtes Subsystem ist zuständig für eine Minimierung der Kosten (Einkauf), ein anderes für die Maximierung der Einnahmen (Verkauf u. Marketing).

Zur genaueren Analyse lässt sich die Sinnverarbeitung in sozialen Systemen in einer Sach-, Zeit- und Sozialdimension ausmachen (vgl. Luhmann 1994, S. 114ff.):

- Im Bereich der *Sachdimension* werden die Kommunikationsthemen differenziert in »dies« und »anderes«. Anhand dieser Unterscheidung kann bestimmt werden, ob ein Beitrag zum Thema gehört oder nicht. Darüber hinaus erfolgt eine Ursachenzurechnung für die Operation des Systems. Ein Thema beispielsweise kann external oder internal zugerechnet (attribuiert) werden, je nachdem, ob aus der Sicht des Systems ein Thema von außen auf es zukommt oder aber aus dem System heraus entstanden ist. Das Kommunizieren über die Bewältigung einer äußeren Bedrohung (z.B. Nachfragerückgang der Verbraucher) wird external, das Thematisieren der systemeigenen Arbeitsweise (z.B. die Möglichkeit, neue Marketingkonzepte zu verfolgen) wird internal attribuiert werden.
- Die *Zeitdimension* konstituiert sich anhand der Unterscheidung in »vorher« und »nachher«. Zeit geht damit über das hinaus, was gegenwärtig geschieht. Im System kann durch Kommunikation Zeit verarbeitet und differenziert werden. Ereignisse haben auch dann sinnhaften Charakter, wenn sie nicht nur im Jetzt, sondern in Vergangenheit oder Zukunft stattfinden. Die Gegenwart fixiert den Wandel zwischen Vergangenheit und Zukunft. Dadurch, dass ein sinnverarbeitendes System eine spezifische Zeitdimension entwickelt, kann zwischen Wandel und Dauer unterschieden werden. Solange es nur Gegenwart gibt, können keine Vergleichsmomente anzeigen, ob bestimmte Faktoren im Zeitverlauf konstant gehalten werden oder ob sie variieren. Man kann formulieren, dass in sozialen Systemen über Zeit reflektiert werden kann, ja die gesamte Operation setzt eine Abstraktion voraus, eine Abgrenzung zum gegenwärtigen Geschehen: Durch den Zeitverbrauch der systemeigenen Kommunikation entsteht gewissermaßen »systemeigene Zeit«.
- Die *Sozialdimension* schließlich beruht auf der Differenz zwischen »Ego« und »Alter Ego«. Sie ermöglicht es, im Kommunikationsverlauf verschiedene Perspektiven unterschiedlicher Personen zu berücksichtigen. Die eigene Sichtwei-

se kann von der anderer unterschieden werden. Konsens bzw. Dissens wird erfahrbar. Die Dimension des Sozialen spitzt die Wahrnehmung und das Handeln im sozialen Kontext auf die Frage zu: Besteht Einigkeit oder Uneinigkeit? An dieses »Ergebnis« wird im weiteren Prozess selbstreferenziell angeschlossen.

Zusammenfassend kann festgestellt werden, dass Sinn für soziale Systeme alle möglichen Ereignisse in einem handhabbaren Rahmen strukturiert. In seiner praktischen Anwendung erzeugt »ein bestimmter Sinnzusammenhang in allen seinen verschiedenen Ausdrucksformen ... eine erste grundlegende Orientierung zwischen Handelnden und zwischen ihnen und der Welt. Das Chaos anfallender Ereignisse und Möglichkeiten wird entlang der ›Magnetlinien‹ einer sinnhaft gesteuerten Präferenzordnung strukturiert, das Sinnvolle vom Sinnlosen geschieden ...« (Willke 1982, S. 34f.)

Für die praktische Beratungstätigkeit ist in diesem Sinne zu berücksichtigen, an welchen Themen sich die Gruppe, das Team, die Familie orientiert (Sachdimension). Im Sinne der Zeitdimension ist zu fragen, was innerhalb des Systems verändert wird und was nicht. Was wird aus der Vergangenheit, Gegenwart und Zukunft als wichtig für das System gesehen (Zeitdimension)? Und schließlich: Wie ist der Umgang miteinander? Wird Konsens oder Dissens erlebt? (Sozialdimension)?

11. Doppelte Kontingenz

Als Kontingenz hatten wir ein »Auch-anders-möglich-Sein« bezeichnet. Sie entsteht dadurch, dass ein System aufgrund seiner Selektion aus einem großen Möglichkeitsbereich heraus bestimmte Zustände nicht aktualisieren kann. »Kontingent ist etwas, was weder notwendig noch unmöglich ist; was also so, wie es ist (war, sein wird), sein kann, aber auch anders möglich ist.« (Luhmann 1994, S. 152) In diesem Sinne bezieht sich Kontingenz auf das System selbst. Kommen nun jedoch zwei füreinander nicht einsehbare psychische Systeme (vgl. Kap. II) zusammen und ermöglichen gemeinsam das Zustandekommen eines Kommunikationssystems (soziales System), so verdoppelt sich die Kontingenz: Jeder der beiden Partner erlebt nicht nur in Bezug auf sich selbst einen nicht aktualisierten kontingenten Bereich, sondern auch und erst recht im Zusammenhang mit dem anderen: Dieser ist intransparent.

»Zwei black boxes bekommen es, auf Grund welcher Zufälle immer, miteinander zu tun. Jede bestimmt ihr eigenes Verhalten durch komplexe selbstreferenzielle Operationen innerhalb ihrer Grenzen. Das, was von ihr sichtbar wird, ist deshalb notwendig Reduktion. Jede unterstellt das Gleiche der anderen. Deshalb bleiben die black boxes bei aller Bemühung und bei allem Zeitaufwand ... füreinander undurchsichtig ... Der Versuch, den anderen zu berechnen, würde zwangsläufig scheitern. Mit dem Versuch, ihn aus seiner Umwelt heraus zu beeinflussen, kann man Glück haben und Erfahrungen sammeln … (Aber) sie bleiben getrennt, verschmelzen nicht, sie verstehen einander nicht besser als zuvor; sie konzentrieren sich auf das, was sie am anderen als System-in-einer-Umwelt, als Input und Output beobachten können, und lernen jeweils selbstreferenziell in ihrer je eigenen Beobachterperspektive. Das, was sie beobachten, können sie durch eigenes Handeln zu beeinflussen versuchen, und am Feedback können sie wiederum lernen.« (Luhmann 1994, S. 156f.)

Weil beide Partner doppelte Kontingenz erfahren – Unsicherheit in Bezug auf das fremde und eigene Verhalten – gewinnt jede Handlung, jedes Verhalten einen Orientierungswert, anhand dessen sich eine Struktur im gegenseitigen Miteinander bilden kann. Aus diesem Grunde kann die Grundsituation der doppelten Kontingenz als Voraussetzung für die Bildung sozialer Systeme gesehen werden (vgl. ebd., S. 157).

»Wenn zusätzlich zur eigenen Verhaltensunsicherheit auch die Verhaltenswahl eines anderen unsicher ist und vom eigenen Verhalten mitabhängt, entsteht die Möglichkeit, sich genau daran zu orientieren und im Hinblick darauf das eigene Verhalten zu bestimmen. Es ist mithin die Emergenz eines sozialen Systems, die über Verdoppelung der Unwahrscheinlichkeit ermöglicht wird und dann die Bestimmung des je eigenen Verhaltens erleichtert«. (Ebd., S. 166)

Die Interaktion beginnt auf der Grundlage wechselseitiger Undurchschaubarkeit, wobei gerade dadurch, dass sie auf beiden Seiten vorliegt, das Bedürfnis nach Strukturbildung vorherrscht. Die Interaktionspartner haben nun die Möglichkeit, sich an der beiderseits vorhandenen Kontingenz zu orientieren und vor diesem Hintergrund das eigene Verhalten abzustimmen. Reine Kontingenz allerdings wird – trotz ihrer grundlegenden systemkonstituierenden Wirkung – in sozialen Kontexten kaum erfahren, da die Menschen eine Vielzahl von Möglichkeiten geschaffen haben, die Vielfalt von Verhaltensmöglichkeiten zu beschränken. Man denke an Religion, Moral, wissenschaftliche Erklärungen, Normen, Verhaltensregeln usw., die für Verhalten Orientierungsvorgaben bereitstellen.

Die kontingenzverursachte Unsicherheit wird so durch Erwartungen reduziert, die sich in sozialen Systemen etablieren: »Die Unsicherheitsabsorption läuft über die Stabilisierung von Erwartungen.« (ebd., S. 158) Im Hinblick auf eine bestimmte Erwartung wird man handeln oder reagieren. Erwartungen können sich zu Erwartungsmustern verdichten, die dann als tragende strukturbildende Säule Handlungen und Verhaltensweisen in sozialen Systemen unter bestimmten Prämissen voraussagbar machen bzw. eine Bandbreite möglicher Verhaltensspielräume festlegen. Es wird niemand bei einer mündlichen Abiturprüfung von seinen persönlichen Problemen zu erzählen anfangen, wohingegen beim Aufsuchen eines Therapeuten die Wiedergabe angelernten Wissens fehl am Platze ist. In bereits etablierten sozialen Settings liegen also strukturbildende und orientierungsstiftende Erwartungsmuster vor, die

die Unsicherheit der reinen doppelten Kontingenz reduzieren. Das Festlegen auf ein bestimmtes Verhalten ist damit innerhalb eines vorgegebenen Rahmens relativ risikolos.

Um den Definitionsbereich des sozialen Systems zu bestimmen, kann man sich auf die basale Grundannahme der doppelten Kontingenz beziehen. Sie ist Voraussetzung für Strukturbildung, da im doppelt kontingenten Bereich der Unsicherheit und des noch Unbestimmten die ausgewählten Handlungen einen hohen Strukturwert aufweisen, einen basalen Bezugspunkt, anhand dessen die weitere Kommunikation (und damit der Aufbau des Systems) orientiert wird. Durch immer mehr in Gang kommende Kommunikation wird das soziale System definiert. Man denke an die Anfangsphase einer Partnerschaft: Im Stadium des Kennenlernens wird man – eine gewisse Verliebtheit vorausgesetzt – unsicher sowohl die Möglichkeiten des eigenen Handelns eruieren (»Soll ich anrufen oder nicht?«) als auch das Handeln des Partners auf dessen Bedeutung hin zu überprüfen versuchen (»Was steckt dahinter, was will er/sie von mir?«).

Dem Anfangskontakt in der Beratungssituation kommt demzufolge eine große Bedeutung zu. Das Setting wird konstituiert und vorstrukturiert, wodurch gewisse Anschlussbildungen forciert und nahe gelegt, andere dagegen – zumindest vorübergehend – ausgeschlossen werden.

12. Kommunikation

Es gibt eine klassische Metapher für die Kommunikation: Danach werden von einem Sender Informationen zu einem Empfänger übertragen. Aus systemischer Sicht greift diese Metapher jedoch zu kurz. Dieses Bild geht vom Senden und Empfangen bestimmter Inhalte oder Nachrichten aus. Auf der Grundlage unseres systemtheoretischen Kenntnisstandes und unter Berücksichtigung der operationalen Geschlossenheit sozialer und auch psychischer Systeme (vgl. Kap. II) kann nicht einfach von einer »Übertragung« gesprochen werden, die in einer systemischen Betrachtungsweise selbstreferenzieller Systeme nicht existiert. Vielmehr muss davon ausgegangen werden, dass die operationale Geschlossenheit einer Einheit dafür sorgt, dass nur »sinnvolle« Themen oder Vorkommnisse aus der Umwelt wahrgenommen werden, die wiederum auf sehr spezifische Weise verarbeitet werden. Auf Kommunikation bezogen heißt das: Das Gesendete und das Empfangene kann nicht das Gleiche sein, da das Gesendete dem System, welches sendet, und das Empfangene dem aufnehmenden System zuzuschreiben ist. Dies entspricht einer Sichtweise, welche die beiden an der Kommunikation beteiligten Systeme einzeln berücksichtigt. Betrachtet man dagegen von einer Metaperspektive aus das soziale System, welches aus der Interaktion beider Einheiten besteht, so präsentiert sich dem Beobachter ein zirkuläres Spiel von aneinander gereihten Kommunikationseinheiten und nicht eine objektiv vorfindbare »Übertragung«, die gesendet und empfangen werden kann.

Kommunikation ist die elementare Operation eines Sozialsystems. Damit wird auf Interaktionssequenzen abgezielt, die ihrerseits weitere Interaktionen hervorrufen. *Auf diesem selbstreferenziellen kommunikativen Prozess basieren soziale Systeme* (vgl. Luhmann 1994, S. 346).

In Sozialsystemen besteht ein Zwang zur Selektion im kommunikativen Bereich. An eine ausgewählte und vollzogene Kommunikationseinheit kann und muss sich dann eine weitere (als Reaktion) anschließen, an welche sich wiederum Kommunikation anschließt (als Reaktion auf die Reaktion) usw. Die Autopoiesis der Kommunikation erhält so das soziale System aufrecht. Kommunikation erzeugt Kommunikation, wohingegen soziale Systeme keine Menschen erzeugen können. Damit sind soziale Systeme – sieht man sie autopoietisch, also sich selbst aufrechterhaltend – nur auf der Basis des Kommunikationsprozesses bestimmbar. In diesem Sinne bestehen soziale Systeme wie bereits beschrieben aus Kommunikation und nicht aus Menschen (Menschen stellen allerdings eine notwendige Umwelt für Sozialsysteme dar).

Veranschaulichen wir uns den selbstreferenziellen Kommunikationsprozess: Der Zusammenhang zwischen den einzelnen Kommunikationsbeiträgen wird unter dem Aspekt der Anschlussbildung deutlich: Kommunikation wählt aus dem komplexen Bereich des Möglichen aus und legt damit fest, auf welche Weise angeschlossen werden kann. Eine Kommunikation nach dem folgenden Muster würde für uns keinen »Sinn« ergeben:

A: »Ich liebe dich.«
B: »Schönes Wetter heute.«

Ganz offensichtlich liegt hier eine »Störung« vor. Eine andere – wahrscheinlichere – Möglichkeit einer kommunikativen Abfolge könnte so lauten:

A: »Ich liebe dich.«
B: »Ich liebe dich auch.«

Kommunikation kann nur ohne Störung funktionieren, wenn durch die Anschlusskommunikation das Vorherige akzeptiert wird. Bei Variante I unseres kleinen Kommunikationssettings verzichtet B auf die Akzeptanz dessen, was A gesagt hat. Gleichzeitig folgt er thematisch nicht in der von A selektierten Richtung, sondern redet über etwas völlig anderes. Er greift gewissermaßen aufs Neue aus dem unendlichen Bereich der Komplexität eine Möglichkeit heraus, ohne auf A zu reagieren.

Es wird auch deutlich, dass sich Kommunikation an *Sinn* (vgl. »10. Sinn«, S. 29 ff.) orientiert. Als sinnvoll erleben wir Kommunikationsvariante II, wohingegen das erste Beispiel keinen Sinn ergibt. Durchaus sinnvoll erscheint auch dieser Interaktionsablauf:

A: »Ich liebe dich.«
B: »Ich liebe dich nicht.«

B lässt durch seine Reaktion erkennen, dass er die Botschaft von A gehört hat und auf sie eingeht (Akzeptanz), wenngleich er deren Inhalt nicht gleich lautend erwidert. B akzeptiert die Eingangsbotschaft und folgt ihr auch insofern, als er eine Kommunikation anschließt, die sich sinnhaft auf das vorher Mitgeteilte bezieht. Dennoch hat er die Möglichkeit, seine Zustimmung zu verweigern und thematisch auf Distanz zu gehen. Kommunikation ist immer auch ein Risiko: Aus einem komplexen (Umwelt-) Bereich des Kommunikationssystems selektiert man das heraus, was man ausdrücken möchte, und hofft darauf, dass der andere darauf eingeht.

> »Kommunikation führt zur Zuspitzung der Frage, ob die mitgeteilte und verstandene Information angenommen oder abgelehnt werden wird. Man glaubt eine Nachricht oder nicht: Die Kommunikation schafft zunächst nur diese Alternative und damit das Risiko der Ablehnung. Sie forciert eine Entscheidungslage, wie sie ohne Kommunikation gar nicht bestehen würde. Insofern ist alle Kommunikation riskant.« (Luhmann 1988, S. 14)

Dadurch, dass Kommunikation zur Annahme oder Ablehnung zwingt, zwingt sie zur Auswahl zwischen diesen beiden Möglichkeiten. Es muss darauf reagiert werden, denn selbst ein Nicht-Reagieren ist auch eine Reaktion (»Man kann nicht nicht kommunizieren«; Watzlawick 1969, S. 53). Im weiteren Kommunikationsverlauf wird auf der Basis eines bestehenden Konsenses oder Dissenses autopoietisch weiterkommuniziert (vgl. Luhmann 1988, S. 15).

Zusammenfassend können wir formulieren: *Soziale Systeme werden aufrechterhalten durch den Prozess der Kommunikation, der sich selbst aufrechterhält.* Kommunikation basiert auf:

- Risiko (sie zwingt die Anschlusskommunikation zur Selektion zwischen Annahme und Ablehnung);
- Akzeptanz (es kann nur an die Vorbotschaft angeschlossen werden, ansonsten würde die Sinnstruktur zerstört);
- Folgen (durch das Reagieren innerhalb eines vorgegebenen Themas erfolgt ein sinnvoller Anschluss).

13. Information

> »Eine Information kommt immer dann zustande, wenn ein selektives Ereignis (externer oder interner Art) im System selektiv wirken, das heißt Systemzustände auswählen kann.« (Ebd., S. 68)

Bateson, auf den auch Luhmann zurückgreift, definiert:

> »Informationen bestehen aus Unterschieden, die einen Unterschied machen.« (1995, S. 123)

Damit wird Informationsbildung als interne systemische Eigenleistung betrachtet. Eine Mitteilung wird aufgenommen, woraus eine systemspezifische Information entsteht, die wiederum zu systemspezifischem Verstehen führt.

Unter dem Gesichtspunkt der Unterscheidbarkeit zumindest zweier Entitäten beschreibt Bateson eine Informationsgewinnung am Beispiel des Tastsinns:

> »Beim Unterrichten mache ich gewöhnlich einen dicken Kreidepunkt auf die Tafeloberfläche, wobei ich die Kreide leicht gegen die Tafel drücke, um möglichst viel aufzutragen ... Lege ich die Fingerspitze ... senkrecht auf den weißen Fleck, werde ich ihn nicht spüren. Streiche ich aber mit dem Finger über den Punkt, dann ist der Unterschied zwischen den Ebenen sehr auffällig ... Dabei geschieht Folgendes: Ein statischer, unveränderter Zustand, der vermutlich ganz unabhängig davon, ob wir ihn empfinden oder nicht, im äußeren Universum existiert, wird Ursache eines Ereignisses, einer Stufenfunktion, einer krassen Veränderung im Zustand der Beziehung zwischen meiner Fingerspitze und der Tafeloberfläche. Mein Finger gleitet sanft über die unveränderte Oberfläche, bis ich auf den Rand des weißen Flecks treffe. In diesem zeitlichen Augenblick stellt sich eine Diskontinuität, eine Stufe ein; und bald danach folgt eine umgekehrte Stufe, wenn mein Finger den Fleck hinter sich lässt. Dieses Beispiel ... zeigt, wie unser sinnliches System ... und die geistigen Systeme hinter den Sinnen ... nur mit Ereignissen arbeiten können, die wir Veränderungen nennen können.« (Bateson 1995, S. 119f.)

Information ist ein Ereignis, welches innerhalb des Systems bestimmte Systemzustände auswählt bzw. eine Disposition für Anschlussfähigkeit in eine bestimmte Richtung vorgibt. Damit sind Informationen Ereignisse innerhalb von Strukturen (vgl. Luhmann 1994, S. 102).

> »(Informationen besitzen) keinen dinghaften Charakter, sie sind nicht eine feststehende Sache, die von einem System zu einem anderen übertragen werden könnte. Eine Information entsteht erst durch die kognitive Tätigkeit eines Systems, das in diesem Entstehungsprozess sein spezifisches Unterscheidungsvermögen mobilisiert. Es handelt sich bei Informationen in jedem Fall um eine systemeigene Leistung.« (Wimmer 1992, S. 73)

Wir können formulieren, dass Informationsbildung eine systemeigene Leistung ist, die das Wahrnehmen von Unterschieden als Anlass nimmt, zur Veränderung interner Strukturen beizutragen. Was als Informationseinfluss aufgenommen wird, ist aus einer Fülle von möglichen Außenreizen ausgewählt und beinhaltet eine spezifische Botschaft über die Veränderung von Seinszuständen. Diese selektive Information kann im empfangenden System selektiv wirken, indem durch sie bestimmte Systemzustände ausgewählt werden.

Für das Beratungssetting bedeutet dies, dass ein soziales System angeregt werden sollte, durch das Wahrnehmen von Unterschieden Unterschiede zu produzieren. Dies kann beispielsweise durch Fragen geschehen, welche neue Differenzierungsmöglichkeiten nahe legen (vgl. »Zirkuläres Fragen«; Kap. V, 2.2.3).

14. Strukturmerkmale des Sozialsystems

Bei der Arbeit mit Organisationen, Gruppen, Familien u.a. interessiert den systemischen Berater die spezifische Struktur, die ein derartiges System ausgebildet hat und innerhalb derer sich für die Systemmitglieder als »Probleme« etikettierte Erlebnislagen einstellen können.

Aus unserer systemischen Sicht heraus ist es also die Struktur einer Gruppe, die mit Problemen korreliert. Unter Struktur sind die Bestandteile und Relationen zu verstehen, die auf spezifische Art ein bestimmtes System konstituieren und aufrechterhalten (vgl. »8. Autopoiesis«, S. 25). Dabei ist es wichtig zu sehen, dass die Struktur nicht als statisch aufgefasst werden darf. Vielmehr resultiert sie aus einem permanenten dynamischen Prozess der autopoietischen Operation. Wesentliche Komponenten dieser Struktur stellen die kommunikativen Muster, die Interdependenzen, die gegenseitigen Erwartungen, die verschiedenen Subsysteme und deren Art des Zusammenwirkens, Kommunikationsmuster einzelner Mitglieder, Regeln und die Handhabung der Grenzen dar (vgl. Häfele 1990, S. 143).

Um für den Berater soziale Komplexität zu reduzieren, kann man vor diesem Hintergrund einem Sozialsystem bestimmte Merkmale zuschreiben (vgl. Häfele 1990, S. 142 ff.; Simon 1988b, S. 182ff.), die mit unseren systemtheoretischen Vorüberlegungen übereinstimmend entwickelt werden können:

14.1 Grenzen

Grenzen bewahren die spezifische Ausdifferenziertheit einer Gruppe und ermöglichen ein adäquates Funktionieren (vgl. Häfele 1990, S. 145). Es ist zwischen Außengrenzen eines Systems und internen Grenzen zwischen Subsystemen zu unterscheiden:

Umweltgrenze
In Bezug auf die Umwelt ist zu fragen, inwieweit zu außerhalb des Systems stehenden Personen oder Institutionen Kontakt gepflegt wird. Wie viele Außenbeziehungen werden auf welche Art und Weise gepflegt? Werden externe Strukturen zu Problemlösungen hinzugezogen, und inwieweit ist die soziale Einheit (z.B. Familie) auf der anderen Seite in der Lage, autonom eigene Sichtweisen zu bewahren? Der Berater hat in Bezug auf die Grenze des Sozialsystems mit dem Gegensatzpaar *öffnend* versus *schließend* ein Beurteilungsinstrument zur Hand (vgl. Simon 1988b, S. 184).

Der Kontext eines sozialen Systems spielt eine entscheidende Rolle: »Der Kontext ist die Gesamtheit aller Elemente des Milieus, dessen Attribute das System beeinflussen oder von diesem beeinflusst werden.« (Marc/Picard 1991, S. 33) Sozialsysteme weisen aufgrund ihrer operationalen Geschlossenheit eine spezifische Umweltoffenheit auf, wobei man ein System im Austausch mit seiner Umwelt wiederum als System begreifen kann. Ist man beispielsweise in der Teamentwicklung tätig, so wird man den Austausch zwischen Arbeitsteam und dem Restunternehmen betrachten: Die Arbeitsgruppe stellt ein Subsystem der Gesamtorganisation dar. Damit wird der organisationale Kontext zu einem relevanten Bestimmungsfaktor einer Arbeitsgruppe.[1]

Interne Grenzen

Im Bereich der Binnengrenzen können nach Minuchin drei Arten unterschieden werden:

- klare Grenzen (entsprechen einem flexiblen System),
- diffuse Grenzen (entsprechen einem verstrickten System),
- starre Grenzen (entsprechen einem rigiden System),

vgl. Häfele 1990, S. 146.

Diese drei Arten sind idealtypische Kristallisationspunkte eines Kontinuums:

starre Grenzen	klare Grenzen	diffuse Grenzen
←	———	→
korrelieren mit	korrelieren mit	korrelieren mit
Rigidität, Loslösung	*Flexibilität (normaler Bereich)*	*Verstrickung, Intransparenz*

(vgl. Perrez 1993, S. 394)

Liegen in einem sozialen System klare Grenzen vor, so können die Beteiligten ihren Aufgaben ohne unzulässige Einmischung von außen nachgehen, sie können selbstbestimmt denken, fühlen und handeln. Kontakte sind aufgrund einer transparenten Struktur gut möglich.

> »Klare Grenzen sind ... klar erkennbar, also eindeutig und sind doch gleichzeitig durchlässig. Sie ermöglichen für die Mitglieder der verschiedenen Subsysteme Selbst-entwicklung, Selbst-verständnis, Selbst-ständigkeit (also Identität) im Kontakt mit anderen Subsystemen.« (Häfele 1990, S. 146)

Diffuse und starre Grenzen korrespondieren dagegen mit dysfunktionalen Sozialsystemen. Für die Organisationsberatung folgert Häfele (ebd., S. 147):

1 Diese Einbindung wird im Rahmen von Organisationsentwicklungskonzepten betont: vgl. hierzu u.a. Engelhardt et.al. 1996; French/Bell 1994.

»In Organisationen deuten Verstrickungen auf eine unklare Handhabung der Leitungsfunktion hin und ergeben sich oft im Zusammenhang mit Kooperationsschwierigkeiten auf einer Führungsebene. Auf der anderen Seite führen starre/rigide Grenzen in Systemen zu Kooperationsschwierigkeiten zwischen verschiedenen Subsystemen«.

Auch in Bezug auf die internen Grenzen eines Sozialsystems kann der Berater anhand des Kriterienpaars öffnend *versus* schließend *ein Diagnoseschema anwenden, mit dessen Hilfe er einen »Einblick«*[1] *in die Struktur des Systems gewinnen kann. Als Beratungsziel kann er verfolgen, von ihm als »diffus« charakterisierte Grenzen deutlich zu machen und einer Klärung zuzuführen und von ihm als »starr« gekennzeichnete Grenzen durchlässiger zu machen* (vgl. ebd.). *Dies kann durch verschiedene Verfahren angestrebt werden, z.B. durch die Systemskulptur* (vgl. Kap. V, 2.2.2), *bei welcher Beziehungsmuster erfahrbar und einer Veränderung zugänglich gemacht werden.*

14.2 Regeln

Dem selbstreferenziellen Kommunikationsprozess im Sozialsystem liegen Regeln zugrunde, die Verhaltenssequenzen der Einzelnen in bestimmter Weise voraussagbar machen. Sie entsprechen den sich ausbildenden Kommunikationsmustern in der Gruppe:

»Die Existenz von Regeln/Spielregeln im System charakterisiert auch die Selbstorganisation von Organisationen, die sich jedem Außenstehenden mit einem strukturierten und funktionierenden Beziehungsgefüge präsentiert. In Organisationen liegen also beobachtbare Muster vor, wodurch das Handeln der Akteure erwartbar wird durch regelhafte Abläufe im System (diese sind den Akteuren selbst nicht unbedingt bewusst).« (Häfele 1990, S. 155)

Damit wird die doppelt kontingente Unsicherheit (vgl. »11. Doppelte Kontingenz«, S. 31) kompensiert, Strukur, Sicherheit und Identität im sozialen System ermöglicht.

Die den Beteiligten bewussten Regeln können als *offen*, die unbewusst befolgten Spielregeln als *verdeckt* bezeichnet werden (vgl. ebd.). Das Einhalten einer klaren Rollenaufteilung z.B. in der Familie obliegt einer offenen Regel. Die verdeckten Regeln haben mit der Anpassungsbereitschaft der Einzelnen (psychischen Systeme) bezüglich des sozialen Systems zu tun und zeigen sich häufig in der Möglichkeit, Emotionen ausdrücken oder eben nicht ausdrücken zu können (vgl. Simon 1988b, S. 185). So kann als verdeckte Regel gelten, dass Konflikte nicht offen angesprochen

1 »Einblick« in Anführungszeichen: Es kann sich aufgrund unserer systemtheoretischen Vorarbeiten nur um eine subjektive Beschreibung des Beraters handeln, da ein wirklicher Einblick in ein »black box-System« wegen der operationalen Geschlossenheit nicht möglich ist.

werden, sodass Ärger und Wut keinen »offiziellen« Platz in der Familie haben: »Wir sind eine harmonische Familie« – so lautet das »offizielle Programm«.

Satir stellt, dem systemischen Paradigma der zirkulären Vernetzung entsprechend, einen Zusammenhang zwischen dem Selbstwert der Einzelnen und den Regeln des Sozialsystems her:

> »Wenn Ihre Regeln besagen, dass jedes Gefühl, das Sie haben mögen, menschlich und deshalb akzeptabel ist, so haben Sie die Möglichkeit zu wachsen.« (Satir 1994, S. 167) »Gefühle des eigenen Werts können sich nur in einer Atmosphäre entfalten, ... wo ... Regeln flexibel gehandhabt werden.« (Ebd., S. 48)

Systemregeln lassen sich für den Berater aus der Beobachterperspektive anhand der Unterscheidung in *offene* und *verdeckte* Spielregeln erschließen, welchen die Kommunikationsdynamik des Klientensystems unterliegt.

> *Ziel einer Beratungstätigkeit ist es, die Regeln des Systems offen zu legen, um sie so einer bewussten Analyse und Beurteilung hinsichtlich ihrer Funktionalität bzw. Dysfunktionalität zugänglich zu machen* (vgl. ebd., 161ff.). *Hier kann das Verfahren der »Abänderung dysfunktionaler Interaktionsstrukturen zugrunde liegender Regeln« eingesetzt werden* (vgl. Kap. V, 2.2.1).

14.3 Kommunikationsmuster

Kommunikationsmuster in sozialen Einheiten ergeben sich durch die spezifische Handhabung der Grenzen des Systems, durch eine Orientierung an Spielregeln, aber auch durch individuelle Erlebnisweisen und Wirklichkeitskonstruktionen der Beteiligten (vgl. »Psychische Systeme«, Kap. II), die dem kommunikativen Handeln zugrunde liegen. Damit kumulieren verschiedene – im Rahmen einer Theorie idealtypisch getrennt dargestellte – Phänomenbereiche des komplexen psychosozialen Gefüges (vgl. Kap. III) in einer für den externen Berater beobachtbaren Art der Kommunikation. Es können Kommunikationsmuster der Gesamtgruppe und individuelle Kommunikationsmuster unterschieden werden:

14.3.1 Kommunikationsmuster des Systems

»*Was ist in der Sitzung im Rahmen der verbalen und nonverbalen Kommunikation zu beobachten? Wie redet wer wann? Ist der Inhalt beider Kommunikationsebenen* (verbale und nonverbale Mitteilung; Anm. d. Verf.) *kongruent, inkongruent oder gar kontradiktorisch? Wird der Aufmerksamkeitsfokus eingehalten? Gibt es Kommunikationsabweichungen?*« (Simon 1988b, S. 182)

Vor dem Hintergrund des allgemeinen Kommunikationsmusters in der Gruppe kann der Berater erlebte Interaktion in *bestätigend* bzw. *disqualifizierend* einteilen und gleichzeitig analysieren, wie »hart« (d.h. rigide) oder »weich« (d.h. offen) eine Wirklichkeitssicht in der Kommunikation gehandhabt wird (vgl. ebd., S. 182). Damit wird auch erkennbar, inwieweit Differenzen und unterschiedliche Sichtweisen von der Gruppe akzeptiert und integriert werden können.

14.3.2 Individuelle Kommunikationsmuster

Interaktionen in einem Sozialsystem hängen (auch) von den Spielregeln ab, welche im sozialen Miteinander eingehalten werden. Ferner stehen Interaktionen in Relation mit der Innenwelt, mit dem psychischen System des Menschen und damit im Zusammenhang mit dem Selbstwert (vgl. Häfele 1990, S. 147).

Satir beschreibt vier individuelle Kommunikationsmuster, die im Kontext der Spielregeln und Normen des Kommunikationssystems gesehen werden müssen. Inkongruent und damit wachstumshinderlich und durch Regeln bedroht agieren Menschen:

> »1. Durch Beschwichtigen (placate), damit der andere nicht wütend wird.
> 2. Durch Beschuldigen (blame), damit der andere ihn als stark ansieht (wenn dieser dann weggeht, ist es seine Schuld – nicht die eigene).
> 3. Durch Rationalisieren (compute), wobei man das als bedrohlich Empfundene als harmlos darstellt und den wahren Zustand des eigenen Selbstwertgefühls hinter großen Worten und intellektuellen Konzepten verbirgt.
> 4. Durch Ablenken (distract), wobei man die Bedrohung ignoriert und so tut, als würde sie nicht existieren (wenn man lange genug damit fortfährt, verschwindet sie vielleicht wirklich).« (Satir 1994, S. 120)

Diese Kommunikationsmethoden können von Individuen gewählt werden, um mit Stress und Problemen umzugehen. Sie werden als in der Kindheit erlernte Mechanismen betrachtet, um einen Selbstwert auszubilden, wobei paradoxerweise ihre Anwendung den Selbstwert langfristig abschwächt, da ein stimmiger Ausdruck der eigenen Gefühle, Gedanken und Ansichten unterlassen wird. Probleme werden damit nicht gelöst, sondern verdrängt.

Ziel ist ein ganzheitliches, kongruentes Verhalten in der Kommunikation:

> »Die kongruente Reaktionsweise ermöglicht es Ihnen, als ganze Person zu leben: real, in Verbindung mit Ihrem Kopf, Ihrem Herzen, Ihren Gefühlen und Ihrem Körper. Kongruentes Verhalten befähigt … dazu, an realen Problemen auf reale Weise zu arbeiten. Die vier übrigen Kommunikationsmuster führen zu zweifelhafter Integrität, Verpflichtung als Kuhhandel, vorgeschwindelter Verantwortlich-

> keit, Unehrlichkeit, Einsamkeit, unechter Kompetenz, Ersticken in Tradition und destruktivem Umgang mit … Problemen.« (Ebd., 137)

So gilt es in einem Beratungsprozess, die inkongruenten Kommunikationsmethoden abzuändern, »indem kongruentes Kommunikationsverhalten als neue/weitere Möglichkeit der Interaktion im System erlernt wird« (Häfele 1990, S. 148). Eine Basis hierfür ist, dass das Individuum einen Kontakt zu seinen eigenen Gefühlen, Ansichten und Wünschen hat. Dieser kann durch eine Kommunikationsgestaltung von Seiten des Beraters, der sich am »Meta-Modell« der Sprache orientiert, verbessert werden (vgl. Kap V, 2.3.1).

14.4 Beziehungsmuster

Aus den bisher beschriebenen Zusammenhängen und Merkmalen innerhalb einer sozialen Einheit lassen sich nun in Anlehung an die strukturelle Familientherapie Beziehungsmuster in sozialen Systemen aufzeigen. Es handelt sich gewissermaßen um eine mit dem Kommunikationsprozess einhergehende Beziehungsgestaltung der Beteiligten, die sich zu beschreibbaren Strukturen verdichtet.

Der Berater kann so genannte Beziehungslandkarten anfertigen, welche die von ihm beobachteten Muster widerspiegeln. Diese Methode ermöglicht dem Familientherapeuten die hypothetische Erfassung der Familienstruktur und entsprechend jedem Systemberater die Erfassung der Systemstruktur. Die »Systemhypothese enthält meist Annahmen über die Rolle und Macht jedes … Mitgliedes …, über die Grenzen der Subsysteme, über Konflikte und deren Umleitung sowie über Koalitionen« (Schlippe 1984, S. 56). Unter einer Koalition wird ein Bündnis zweier Personen gegen eine dritte verstanden.

Die Beziehungslandkarten aus der Familientherapie können für eine Beziehungsdiagnostik unterschiedlicher Sozialsysteme übernommen werden. Nach Minuchin werden folgende Symbole verwendet:

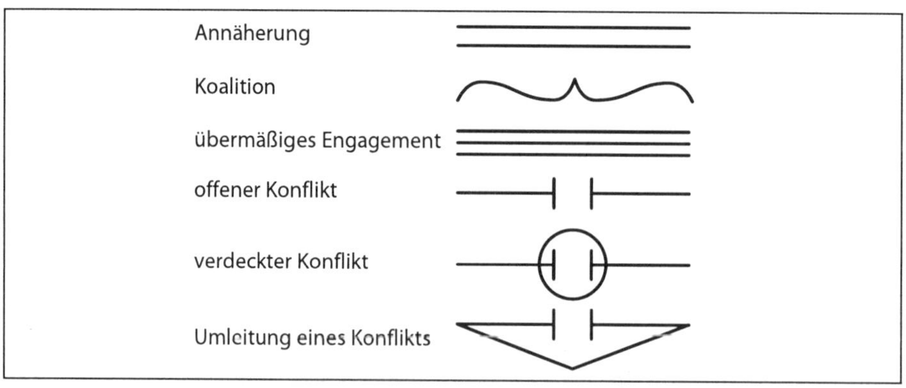

Abb. 4: Symbole für die Beziehungsdiagnostik (Schlippe 1984, S. 57)

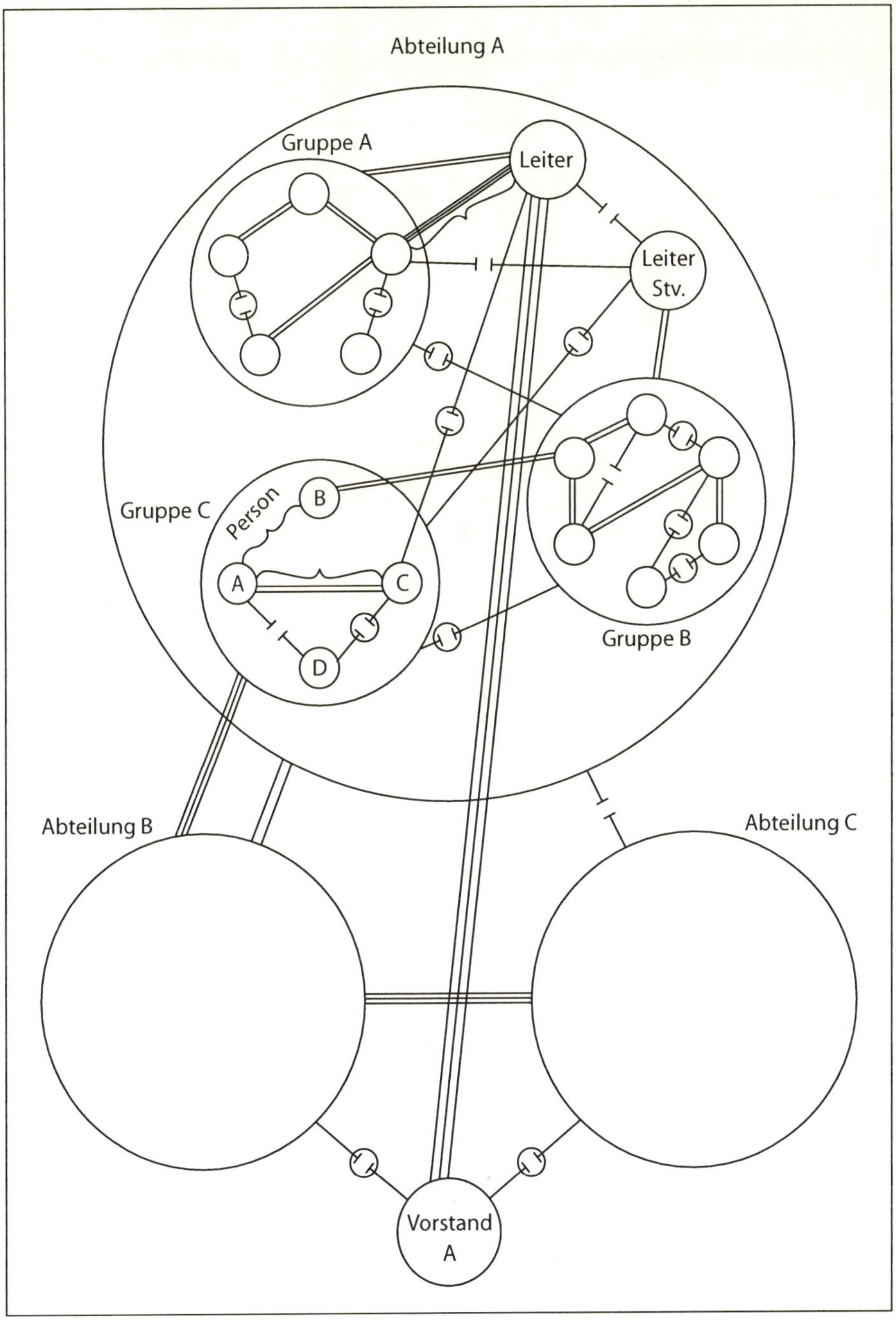

Abb. 5: Beziehungslandkarte von Arbeitsteams innerhalb einer Organisation (Häfele 1990, S. 152)

Neben der Orientierungsmöglichkeit, die sie dem Berater bietet, hat die Beziehungsdiagnose mit Hilfe gezeichneter Landkarten auch eine Interventionsfunktion:

> »Die Erstellung von Beziehungslandkarten durch die Mitglieder von Systemen selbst (stellt) ein pädagogisches Instrument dar, das zu neuen Sichtweisen, zu neuen Perzeptionen der Systemmitglieder führt. Dabei ist die Erstellung der Beziehungslandkarte durch die Betroffenen ein Lernprozess, der die Selbstveränderungsfähigkeit fördert und meist zur offenen Bearbeitung disfunktionaler Beziehungen führt.« (Häfele 1990, S. 151)

Wird die Beziehungslandkarte dagegen vom Berater als Diagnoseinstrument verwendet, ist es vor dem Hintergrund der Selbstreferenzialität und operationalen Geschlossenheit sozialer Systeme wichtig zu betonen, dass die entwickelte Landkarte nicht das Klientensystem selbst ist. Hier darf man gerade als professionell Tätiger, der zur Bildung von Hypothesen auf Beziehungslandkarten zurückgreift, nicht in die »konstruktivistische Falle« geraten:

> »Es besteht ein Unterschied zwischen der ›Welt‹ (was immer das eigentlich ist) und unserer Erfahrung von ihr … Unsere Möglichkeiten, mit unseren Gedanken eine sekundäre Realität zu erschaffen, also probezuhandeln, haben uns ungeheuren Fortschritt eingebracht. Im Gefolge dieses Fortschrittes kommen aber auch dessen Fallgruben, und zwar da, wo wir die Kontrolle im gedachten Raum für eine positiv absolvierte Kontrolle, eine Bestätigung der realen Welt, halten.« (Schlippe 1984, S. 78)

Gleichzeitig aber kann sich der Berater zumindest in Grundzügen auf Konsensfähigkeit beziehen:

> »In den allermeisten Fällen können wir uns … darauf verlassen, dass die anderen Wahrnehmenden in unserer Umgebung unsere Sichtweisen teilen und dass sie die gleichen Unterscheidungen treffen, wie wir es tun. Sonst wäre keine Verständigung über die ›Wirklichkeit‹ … möglich … Mit der Position des Konstruktivismus zerfällt das Modell von ›Wirklichkeit‹ zwar in fast beliebig viele, aber nicht unvergleichbare Einzelmodelle. Im Gegenteil, die Modelle ähneln sich weitgehend, weil sich die Sichtweisen des Einzelnen in Abhängigkeit von und in Auseinandersetzung mit den Sichtweisen der Umgebung entwickeln.« (Schattenhofer 1992, S. 39)

Der Berater kann damit die Beziehungsdiagnose als vorläufig-subjektive, hypothetische Suchstrategie anwenden, um Möglichkeiten zu eruieren, auf welche Art und Weise vom Klientensystem dargelegte Probleme im Bereich der verschiedenen Gruppenkomponenten (interpersonelle Dynamik, intrapsychische Prozesse, Wirklichkeitskonstruktionen; vgl. das »Drei-Komponenten-Modell«; Kap. III, 2) *wechsel-*

seitig zusammenhängen. Daraus wird er Handlungsstrategien und Interventionsmöglichkeiten ableiten, und am Feedback der Wirksamkeit können dann die zugrunde liegenden Hypothesen verifiziert, falsifiziert oder modifiziert werden (vgl. das handlungsleitende Prinzip »Versuch und Irrtum«; Kap. IV, 5.3).

15. Begriffsbestimmung »soziales System«

Auf der Grundlage der dargestellten systemtheoretischen Teilaspekte kann nun eine Begriffsbestimmung vorgenommen werden: Ein soziales System lässt sich als eine Einheit definieren, die sich von ihrer Umwelt abgrenzt. Sie konstituiert sich auf der Basis der doppelten Kontingenz durch selektive Kommunikationsprozesse und bildet eine Struktur aus, die Umfeldabgrenzung ermöglicht. Letztelement ist Kommunikation, die, als Handlung begriffen, eine Auswahl aus kontingenten Möglichkeiten trifft. Auf der Grundlage einzelner Kommunikationshandlungen, die sich an einem spezifischen »Systemsinn« orientieren, kann sich der selbstreferenzielle/autopoietische Prozess der Selbsterhaltung sozialer Systeme entfalten.

Für einen Beobachter können sich Merkmale ausbilden, welche die Struktur des Kommunikationsprozesses charakterisieren. Diese sind im Wesentlichen umschrieben mit der Handhabung interner und externer Grenzen, der Befolgung offener und verdeckter Regeln und der Ausbildung spezifischer Kommunikations- und Beziehungsmuster.

II. Psychische Systeme

Für eine praktische Perspektive hat – wie bereits angedeutet wurde – die Bestimmung sozialer Systeme auf der Grundlage von Kommunikation den Vorteil, explizit Interaktionsstrukturen und -prozesse untersuchen zu können. Jedoch hat es der Systemberater nicht nur mit »leeren Kommunikationen«, sondern mit Menschen zu tun.

> »Der Berater bedarf … , gerade weil er auf eine Veränderung des … *sozialen* Systems abzielt, einer umfassenden Kompetenz des Umgangs mit *personalen* Systemen, da er das soziale System nur über seine Repräsentanten … erreichen kann.« (Fürstenau 1992, S. 47)

In diesem Sinne folgt in diesem Kapitel eine Theorie psychischer Systeme, bevor daran anschließend im darauf folgenden Abschnitt das Zusammenwirken von psychischen und sozialen Systemen im Rahmen der psychosozialen Einheit erörtert wird (Kap. III).

Für psychische Systeme gilt wie für Sozialsysteme: Sie sind operational geschlossen und autopoietisch bzw. selbstreferenziell. Sie operieren strukturdeterminiert und verarbeiten auf spezifische Weise Sinn. Insofern wurden im vorherigen Kapitel einige systemtheoretische Grundlagen dargestellt, die auch für psychische Systeme Gültigkeit haben. Im Folgenden wird auf dieser Basis die Psyche systemtheoretisch und in ihrer Relevanz für den Berater beschrieben.

Ein psychisches System entsteht dann, wenn ein Individuum einen bewussten Selbstbezug entwickelt. Das bedeutet, es muss eine neue (emergente) Ordnung entstehen, die einen Bezugspunkt vom System zum System selbst ermöglicht. Auf der sozialen Ebene nimmt ein System mit einem anderen Verbindung auf, es entsteht eine rekursive Korrelation. Analoges geschieht nun intern: Die personale Einheit wird ausdifferenziert derart, dass ein neues Subsystem entsteht, welches zu allen Untereinheiten des Restsystems eine Beziehung aufbaut. Dadurch kann eine Beziehung zu sich selbst aufgebaut werden, Bewusstsein kann entstehen. Diese neue Einheit wollen wir »Selbstbeobachtung« nennen; diese bezieht sich auf das »Selbst« (Restsystem).

Ein psychisches System entsteht durch einen Unterschied (vgl. Systementstehung aufgrund der basalen Differenz System/Umwelt; Kap. I, 1): Eine personale Einheit unterscheidet sich von sich selbst, um mit Hilfe eines Subsystems (Selbstbeobachtung) eine Beziehung aufzubauen zu sich selbst und der eigenen Umweltkontaktgestaltung. *Das psychische System kann also verstanden werden als eine Beziehung zum Selbst und zur eigenen Umweltbeziehung. Es ist die Einheit der Differenz von »Selbst« und »Selbstbeobachtung«.*

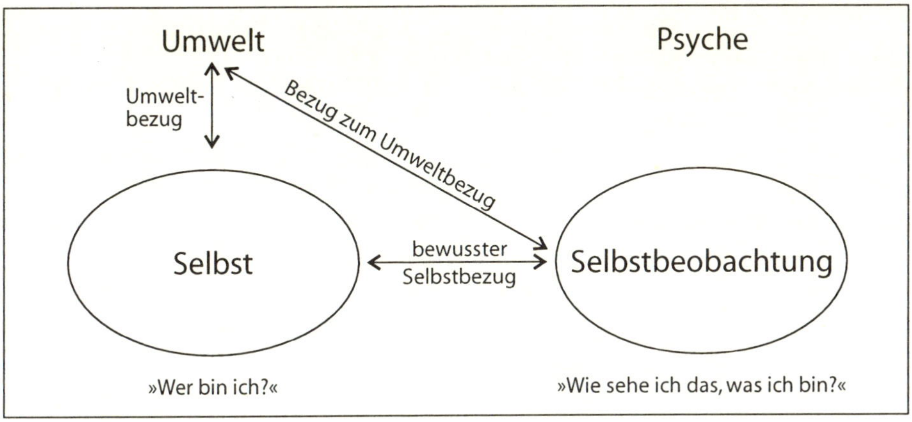

Abb. 6: Psychisches System

Das Selbst wird an sich und in seinem So-Sein im Kontext der Umwelt betrachtet. Da aber ganz allgemein durch die Umweltbeziehung, durch die Grenzziehung zur Umwelt ein System definiert wird, erfolgt eine Beziehung zur eigenen Definition, psychologisch formuliert: zur eigenen Identität.

1. Identität

Als Identität wollen wir die »Selbstbildung« eines psychischen Systems bezeichnen. Diese ist abhängig von der Art und Weise und von der Beschaffenheit der Grenzziehung des Selbst zur Umwelt. Identität bildet sich aus entlang der Entwicklungslinie des sinnverarbeitenden Prozesses. Mit anderen Worten: Die individuelle Selbstbildung hängt davon ab, auf welche Weise das psychische System Sinn mit Hilfe des Bewusstseins (vgl. »5. Bewusstsein«, S. 49) verarbeitet. Zunächst muss das psychische System als sinnverarbeitende Einheit aus dem unendlich komplexen Bereich des Sinns einen relevanten Teilbereich auswählen. Dieser sinnrelevante Bereich grenzt das System vom Kontext ab und erzwingt eine interne Weiterbearbeitung.

2. Sinn

Wie in sozialen wird auch in psychischen Systemen Sinn verarbeitet (vgl. Ausführungen zur Sinnverarbeitung in sozialen Systemen; Kap. I, 10.). Mit Hilfe des Sinns hat das System die Möglichkeit, seine Operationen zu differenzieren. Diese bestehen nach unseren bisherigen Überlegungen darin, eine Beziehung zu sich selbst herzustellen. Die spezifische Weise, mit welcher in psychischen Systemen Sinn verarbeitet wird, erfolgt über das Bewusstsein. *Das Sich-selbst-Betrachten schafft Bewusstheit. Psychische Systeme können von daher auch »Bewusstseinssysteme« genannt werden.*

3. Doppelte Kontingenz

Als Einheit der Differenz von »Selbst« und »Selbstbeobachtung« ist das psychische System eine Beziehung. Ein Bezug ist ein dynamischer Beziehungsaspekt zweier Einheiten. Beide Einheiten (Selbstbeobachtung und Restsystem) weisen wiederum eine hohe Komplexität auf, die erst im Entwicklungsprozess der Anschlussbildung ausdifferenziert und handhabbar gemacht wird. Somit begegnet uns auch hier, bei der Analyse der internen Beziehung des Selbstbezugs, das Problem der doppelten Kontingenz (vgl. Ausführungen zur doppelten Kontingenz bei sozialen Systemen; Kap. I, 11). Aufgrund der auf beiden Seiten vorhandenen Komplexität ist ein Selbstbezug so, aber auch anders möglich. Es gibt einen unvorstellbar großen Möglichkeitsbereich, wie man sich selbst sehen kann bzw. was man von sich selbst sehen kann. Das »*Wie*« des Sich-selbst-Sehens bezieht sich auf die Kontingenz der Selbstbeobachtung, also auf das Bewusstsein. Das »*Was*« des Sich-Selbst-Sehens bezieht sich auf die Kontingenz des Restsystems, also auf das »Selbst«.

4. Psychische Entwicklung

»*Wer bin ich?*« und »*Wie sehe ich das, was ich bin?*« Entlang dieser als Fragen formulierten Komplexität auf beiden Seiten vollzieht sich der psychische Entwicklungsprozess. Ein bestimmter Entwicklungsstand ist gekennzeichnet durch ein momentanes »*Was*« *(»Wer bin ich?«)* meiner Selbst. Es geht also um einen Aspekt von vielen, der gerade aktuell ist und »bewusst« wird im psychischen System, durch welches dieser Teil erst in mir beobachtet oder wahrgenommen werden kann. Dieses Wahrnehmen wird durch das »*Wie*« spezifiziert: Ich kann einen bestimmten Charakterzug so oder so sehen, ich kann ihn befürworten, verwerfen, nicht haben wollen, beurteilen usw. Für den einen wird an ihm selbst beobachteter Egoismus verwerflich sein, für den anderen eine lang erstrebte und notwendige Eigenschaft. Und darüber hinaus: Was ist egoistisch? Dies kann völlig unterschiedlich interpretiert werden. Auf beiden Seiten führt das jeweils Aktuelle zu Folgeoperationen. Auf der Selbst-Seite könnte der Egoismus zu einer Entwicklung der individuellen Durchsetzungsfähigkeit als Anschlusselement führen, auf der Selbstbeobachtungs-Seite könnte sich an die Sichtweise »erstrebenswert« und »notwendig« eine positive Bewertung aller Folgehandlungen anschließen, die im Zusammenhang mit dem Egoismus auftreten. Auf der Grundlage neu hinzugekommener (bewusst gewordener) Komponenten schließt sich an jeden Selbstbezug ein neuer an. Dies ist die Selbstreferenzialität der psychischen Entwicklung.

> *Der psychische Entwicklungsprozess vollzieht sich auf der Grundlage der doppelt kontingenten Unsicherheit über sich selbst: »Wer bin ich?« und (daran anknüpfend): »Wie sehe ich das, was ich bin?«, sind die Fragen, die das ursprüngliche Risiko der Selbstfindung oder Identitätsbildung steuern. Beide Fragen zwingen zur Selektion:*

Zum einen muss man anschließen und »irgendjemand sein«. Man entschließt sich, so und nicht anders zu handeln, zu denken, zu fühlen oder wahrzunehmen. Es erfolgt eine erste Selbstbildung, an welche ständig angeschlossen werden muss (sie kann differenziert oder revidiert werden). Zum anderen muss man »sich irgendwie sehen«. Man entschließt sich, sich auf bestimmte Art zu betrachten und zu beurteilen. Auch an diese Selbstsicht wird permanent (differenzierend, revidierend) angeschlossen.

5. Bewusstsein

Psychische Systeme reproduzieren Bewusstsein durch Bewusstsein und sind dabei operational geschlossen:

> »(Es) kann kein Zweifel bestehen, dass psychische Systeme autopoietische Systeme sind – und zwar nicht auf der Basis von Leben, sondern auf der Basis von Bewusstsein. Sie verwenden Bewusstsein nur im Kontext ihrer eigenen Operationen, während alle Umweltkontakte (einschließlich der Kontakte mit dem eigenen Körper) durch das Nervensystem vermittelt werden, also andere Realitätsebenen benutzen müssen. Schon das Nervensystem ist ein geschlossenes System, und schon deshalb muss auch das mit Bewusstsein operierende psychische System ausschließlich auf selbstkonstituierten Elementen aufbauen.« (Luhmann 1994, S. 355)

Die Psyche ist als kognitives System aufzufassen, das Bewusstsein permanent in einzelne Bewusstseinselemente »zerlegt«, die jeweils gerade aktuell sind und im nächsten Augenblick bereits ein Anschlusselement erzwingen. Es entwickelt sich mit zunehmendem Lernen eine Bewusstseinsstruktur, ein Netzwerk von Verbindungen und Schaltungen. Neue Reize werden von einem im Entwicklungsprozess immer komplexer werdenden psychischen System verarbeitet, sodass eine hochkomplexe Struktur entsteht.

Das Verhältnis von peripheren sensorischen Neuronen (zur Aufnahme von Umweltreizen), Verarbeitungsneuronen im Gehirn und Motorneuronen (zur Ausführung einer Bewegung) liegt bei den so genannten niederen Wirbeltieren beispielsweise zwischen 1 : 1 : 1 und 1 : 10 : 1. Beim Menschen dagegen liegt das Verhältnis zwischen 1 : 100 000 : 1 und 1 : 1 000 000 : 1 (vgl. Roth 1987b, S. 413). Dies zeigt, welch komplexes Verarbeitungssystem dem Menschen auf der materiellen Ebene des Gehirns zur Verfügung steht, um mit Umweltreizen umzugehen. Man denke an die bereits dargestellte Komplexität nicht-trivialer Maschinen: Ganz offensichtlich fallen beim Menschen auf einen möglichen Eingabewert, den das System auf biologischer Ebene mit einem sensorischen Neuron aufnimmt, etwa 100 000 bis 1 000 000 Untereinheiten (Verarbeitungsneuronen im Gehirn), deren Struktur zur internen Verarbeitung zur Verfügung gestellt wird. Dieses Beispiel zeigt die Komplexität, die bereits auf der materiellen Ebene vorhanden ist.

Auf psychischer Ebene folgt ein »Bewusstseinsfunken« dem nächsten, wobei das Bewusstseinssystem nicht räumlich oder materiell zu fassen ist. Psychische Systeme müssen als in ihrer geschlossenen Arbeitsweise von der materiellen Entsprechung (Neuronen im Gehirn) abgegrenzt werden, wenngleich die Neuronen als unabdingbare Umweltvoraussetzung gegeben sein müssen, um ein Bewusstseinssystem zu konstituieren (in ähnlicher Weise betrachten wir soziale Systeme als phänomenologisch von Individuen getrennt, wenngleich diese als notwendiger Umweltfaktor gegeben sein müssen und sie ihre Komplexität auch für das Sozialsystem zur Verfügung stellen).

Psychische Systeme verwirklichen Selbstreferenzialität durch die Aufrechterhaltung des bewussten Selbstbezugs. Wonach das kognitive System strebt, ist »Konsistenz und Kohärenz der internen Bedeutungszuweisung, dessen also, was wir als unsere Wahrnehmung erfahren und was wir selbst sind« (Roth 1987a, S. 71). Innerpsychische Prozesse wie Wahrnehmen, Denken und Fühlen sind erlebbare Ausdrucksformen der Selbstreferenzialität des Bewusstseins. »Die Komponenten des kognitiven Systems … sind Bedeutungszuweisungen – das, was wir als mentale Akte in Form von Wahrnehmen, Denken, Fühlen erleben.« (Roth 1987b, S. 398)

6. Strukturmerkmale des psychischen Systems

Im Hinblick auf den Praxistransfer dieser Theorie kann man an dieser Stelle zwei unterscheidbare Strukturmerkmale des psychischen Systems ausmachen, welche sich unter einer klinischen oder beraterischen Perspektive als nützlich erweisen:

- Bedeutungszuweisungen oder Wirklichkeitskonstruktionen,
- intrapsychische Prozesse (Denken, Fühlen und Wahrnehmen).

Dies entspricht einem familientherapeutischen Konzept, welches das Hilfe suchende System in drei Systemebenen einteilt, die als zirkulär miteinander verknüpft gesehen werden: Neben den interaktionalen Prozessen (Kommunikation, soziales System) wird auf individueller Ebene unterschieden in »Wirklichkeitskonstruktionen« der einzelnen Beteiligten und in »intrapsychische Prozesse« (vgl. Weber/Stierlin 1991, S. 79; vgl. hierzu auch das »Drei-Komponenten-Modell«; Kap. III, 2).

6.1 Wirklichkeitskonstruktionen

In systemischer Therapie und Beratung wird nicht von einer objektiven Realität, sondern vielmehr von der Existenz subjektiver Wirklichkeiten ausgegangen. Dies entspricht der Theorie selbstreferenzieller Systeme, die in sich operational geschlossen agieren. Der Umweltkontakt ist so spezifisch gestaltet, dass nur für den Systemkontext als »relevant« eingeordnete Außenreize gemäß der internen Struktur verarbeitet werden. Die systeminterne Konstruktion von Realität wird damit zum Ausgangspunkt weiterer Überlegungen.[1]

> »Das ..., was wir als bewusste Wahrnehmung erleben, (sind) nicht die primären Sinneserregungen, sondern die Resultate der Deutung dieser primären Sinneserregungen ... Die Wahrnehmungs- und Gestaltpsychologie zeigt uns, dass das, was wir direkt von der Umwelt wahrzunehmen glauben, das Produkt dieser Deutung ist ... man kann experimentell zeigen, dass wir die Welt nicht so sehen, ›wie sie ist‹ ..., sondern so, wie sie das Gehirn – unsere Kognition – aufgrund früherer Erfahrung in ihrem wahrscheinlichsten Zustand errechnet. Das, was wir als Realität wahrnehmen, ist konstruierte Realität oder ›Wirklichkeit.‹« (Roth 1987b, S. 413f.)

Man kann davon ausgehen, dass das Individuum im Laufe des Sozialisationsprozesses eine eigene Art entwickelt, Wirklichkeit zu betrachten und zu bewerten. Das Paradigma der Zirkularität hat zur Folge, dass die Entwicklung einer Identität im Zusammenhang gesehen werden muss mit der Notwendigkeit des psychischen Systems, komplex und zirkulär vorgefundene Realität zu ordnen und zu interpunktieren. So werden Zuschreibungen und Attributionen getätigt, die Realität individuell ordnen und bewerten.

> »Wenn das Kind (als Beobachter) zwischen dem eigenen Selbst und der Umwelt unterscheidet, können ›Wirkungen‹ und ›Ursachen‹ entweder dem eigenen Selbst oder den Objekten zugeschrieben werden. Der Abhängigkeit des eigenen Selbst vom Objekt (von den Objekten) steht die Abhängigkeit der Objekte vom Selbst gegenüber. Je nachdem, welcher Aspekt dieser wechselseitigen Abhängigkeitsbeziehung betrachtet wird, beschreibt der Mensch – ganz egozentrisch – sich selbst bzw. seine Umwelt als ›allmächtig‹ oder ›ohnmächtig‹, als Subjekt oder Objekt der Geschichte. Die Ambivalenz zwischen diesen beiden Polen bestimmt zunächst weitgehend die Entwicklung der Wirklichkeitskonstruktion eines jeden Menschen.« (Simon 1988b, S. 131)

Ferner wird in diesem Zusammenhang auch auf die Bedeutung der Sprache und sprachlich-kognitiver Strukturen hingewiesen, die sich auch auf kommunikativer Ebene manifestieren:

> »Wie wir denken, fühlen und uns verhalten, was wir sehen oder übersehen, hören oder überhören, bestimmt sich zu einem großen Teil durch unsere Sprache. Ihren Strukturen entsprechend organisieren wir unsere Wahrnehmungen, weisen wir

1 Es würde den Rahmen dieses Buches sprengen, die laufende konstruktivistische Diskussion im Zusammenhang mit der Theorie selbstreferenzieller Systeme näher darzustellen. An dieser Stelle sei neben Roth 1987b verwiesen auf Böse/Schiepek 1989; Graf 1994; Kneer/Nassehi 1994, S. 54ff.; Ludewig 1992, S. 76f.; Simon 1988a, S. 1ff.

bestimmten Begriffen Bedeutung zu, schließen wir andere aus, verwenden wir verschiedene Wörter für dieselbe Sache, bilden wir uns Überzeugungen über das, was wir für richtig und falsch, logisch und unlogisch, zweifelhaft und unzweifelhaft halten. Das wiederum hat weitreichende psychologische, soziale, ja politische Konsequenzen: Sie unterscheiden sich in dem Maße, in dem ein Verhalten als ›krank‹ oder ›unmoralisch‹ etikettiert, eine Person als ›selbstverantwortlich‹ oder ›unzurechenbar‹ betrachtet wird. Begriffe gestatten uns, die Komplexität der Welt zu reduzieren und eine Ordnung in sie zu bringen. Ohne eine gemeinsame Sprache ist die Auseinandersetzung über verschiedene Sichtweisen nicht möglich. Aber jeder Mensch konstruiert sich durch sein ureigenstes Erleben und Bewerten auch eine eigene Wirklichkeit.« (Lauer 1992, S. 5)

Die zirkuläre Wirkung von Ideen über die Realität führt häufig zu sich selbst erfüllenden Prophezeiungen und zu Problemlösungsversuchen auf der Ebene des Sozialsystems, die Probleme aufrechterhalten, anstatt sie zu lösen. Je mehr beispielsweise von Seiten der Eltern versucht wird, das trotzige Verhalten der magersüchtigen Tochter zu verändern, umso wahrscheinlicher ist der Widerstand des Mädchens (vgl. Weber/Stierlin 1991, S. 77).

Simon (1988b, S. 131f.) weist darauf hin, dass die individuellen Realitäts- oder Wirklichkeitskonstruktionen als sowohl autonom als auch kontextabhängig betrachtet werden müssen. Sie entsprechen einer subjektiven Wahrnehmung innerhalb eines gegebenen Kontextes, welcher gewissermaßen einen übergeordneten Rahmen darstellt, innerhalb dessen individuell als wichtig empfundene Elemente wahrgenommen werden bzw. individuell wahrgenommene Elemente als wichtig bewertet werden. Intrapsychische Wirklichkeitskonstruktionen zu produzieren bedeutet auch, eine Wirklichkeit über sich selbst, eine Selbstsicht, ein Selbstkonzept zu entwickeln: »Das Selbstkonzept … (ist) eine dynamische mentale Struktur, die viele intrapersonale … und interpersonale Prozesse … interpretiert und zwischen ihnen vermittelt.« (Zimbardo 1995, S. 502)

Aus der Sicht des systemischen Beraters gehen diese Wirklichkeitskonstruktionen in den Kommunikationsprozess des Sozialsystems mit ein und bestimmen ihn (mit), wie umgekehrt die spezifische Kommunikation innerhalb des sozialen Systems die individuellen Realitäten mitbestimmt.

6.2 Intrapsychische Prozesse

Intrapsychische Prozesse sind zirkulär miteinander verknüpft und resultieren aus der Selbstreferenzialität des Bewusstseins. Es sind erlebbare und für die Person in Kategorien (z.B. Wahrnehmung, Gedanken und Gefühle) einteilbare Phänome, die nicht aufgrund äußerer Einflüsse, sondern aufgrund der eigenen Struktur gegeben sind. Damit sind Gedanken oder Gefühle nicht umweltbezogen zu verstehen, sondern als eine wahrgenommene und beispielsweise als »Gedanke« oder »Gefühl« benannte innere Anpassung an interne Problemlagen (vgl. Luhmann 1994, S. 371).

6.2.1 *Interdependenz von Wahrnehmen, Denken und Fühlen*

Das psychische System erhält die Bewusstheit der Wahrnehmung, des Denkens und des Fühlens aufrecht. Die Psyche hat gewissermaßen die Wahl, in welcher Sonderform an das vorhandene Letztelement angeschlossen wird: Es kann wahrgenommen, gedacht und gefühlt werden – und dies parallel und gleichzeitig oder seperat und zeitlich versetzt. Wird beispielsweise etwas Bestimmtes wahrgenommen, so ergibt sich die Möglichkeit, weiter und damit differenzierter wahrzunehmen oder aber einen Gedanken oder ein Gefühl zu produzieren. Auch können zwei oder alle drei Komponenten gleichzeitig vollzogen werden. Wenn man wahrnimmt, einen Bekannten zu treffen, so hat man die Wahl: Man kann weiter wahrnehmen (wie sieht er aus?), man kann denken (»schon lange nicht mehr gesehen«) und/oder man kann fühlen (Freude über das Wiedersehen). Wahrnehmung, Denken und Fühlen stellen drei idealtypisch zu trennende Komponenten innerpsychischer Prozesse dar; sie stehen miteinander in einer dynamischen Wechselbeziehung.

Zur Veranschaulichung werden einige Wechselwirkungen aufgezeigt:

- *Wahrnehmung beeinflusst das Denken:* Der Prozess des Denkens hängt ab von dem, was gerade als aktuell erfahren und beobachtet wird. Nimmt man das Zusammentreffen mit einem Bekannten wahr, so wird man im unmittelbaren Anschluss daran nicht an das Wetter denken, sondern das Denken wird sich mit dem Bekannten, mit der eigenen Beziehung zu ihm, mit gemeinsamen Erlebnissen, kurz: mit Assoziationen, die im Zusammenhang mit dem Bekannten auftauchen, beschäftigen.
- *Wahrnehmung beeinflusst das Fühlen:* Auch der Prozess des Fühlens hängt von der Wahrnehmung ab. Trifft man den Bekannten, so erfolgt auch im Gefühlsbereich ein unmittelbares Anschließen: Man freut oder ärgert sich beispielsweise über die wahrgenommene Realität »Treffen eines Bekannten«.
- *Denken beeinflusst die Wahrnehmung:* Um in unserem Beispiel zu bleiben, kann es sein, dass man gerade intensiv an ein Restaurant denkt, da man Hunger verspürt. Die Vorstellung des Restaurants wird nun die momentane Wahrnehmnung dahingehend beeinflussen, dass plötzlich alle Essensgerüche, Wirtshausschilder etc. wahrgenommen werden, während andere vorhandene Umwelteinflüsse nicht zur Geltung kommen. Unser Freund wird von uns in dieser Situation unter Umständen gar nicht erkannt, man sieht ihn nicht und er zieht vorüber. Aus dem komplexen Bereich des in der Umwelt Wahrnehmbaren wird durch unser Denken immer nur ein Teil herausselektiert, um wahrgenommen zu werden.

- *Denken beeinflusst das Fühlen:* Die Gedanken und Vorstellungen, die vom psychischen System produziert werden, nehmen Einfluss auf die Gefühle: Dies ist leicht nachzuvollziehen, indem man bewusst innehält und sich eine Situation vorstellt, in welcher man ruhig und entspannt war. Sogleich werden sich auf der Gefühlsebene jene Empfindungen einstellen, die mit dieser Situation verbunden sind, hervorgerufen durch das Denken.
- *Fühlen beeinflusst die Wahrnehmung:* Bei unserem bereits oben zitierten Beispiel führt das Hungergefühl dazu, dass die Selektion der Wahrnehmung auf »Essensbeschaffungsmöglichkeiten« eingestellt wird. Parallel hierzu taucht im Bereich des Denkens die innere Vorstellung eines Restaurants auf.
- *Fühlen beeinflusst das Denken:* Ein Hungergefühl veranlasst jemanden dazu, an »Essen« zu denken. Analog werden Empfindungen des Zurückgewiesenwerdens im psychischen System als Anschlussbildung provozieren, dass über das Thema »Zurückgewiesenwerden« nachgedacht wird etc.

  Diese kurze Skizzierung der Interdependenzen im Rahmen intrapsychischer Prozesse soll veranschaulichend wirken, wenngleich hinzugefügt werden muss, dass die obigen Beschreibungen in zweierlei Hinsicht zu kurz greifen: Zum einen mag man darüber streiten, ob die drei genannten Komponenten hinreichend sind. Worin genau besteht die Psyche? So wurde z.B. »Motivation« unberücksichtigt gelassen. Zum Zweiten zeigt die obige Darstellung nur Wechselwirkungen zwischen zwei Subsystemen auf. Das Thema »Zurückgewiesenwerden« etwa manifestiert sich jedoch zirkulär in allen Bereichen des psychischen Systems. Ein Nachdenken über Zurückweisung wird die Wahrnehmung für Situationen schärfen, in welchen die Person selbst oder andere abgelehnt werden, wodurch die in diesem Zusammenhang auftretenden Gefühle reproduziert werden, die Gedanken reproduziert werden, was wiederum die Wahrnehmung reproduziert. Dies ist ein rekursiver Vorgang, der sich jedoch nicht immer wieder auf der gleichen Stufe wiederholt, sondern zu neuen Anschlussbildungen führt. Als selbstreferenzielles System ist die Psyche als geschlossen arbeitende Einheit zu verstehen, die entlang einer bestimmten Sinnorientierung (hier: »Zurückgewiesenwerden«) permanent zur Sinnselektion gezwungen wird. Selektierte Einzelkomponenten können nun z.B. als Wahrnehmen, Denken oder Fühlen in Erscheinung treten, wobei diese Einzelelemente im Moment ihres Entstehens bereits wieder von nachfolgenden Anschlussbildungen in einem oder mehreren der drei Bereiche ersetzt werden. Auf dieser Basis steuert sich das psychische System selbst autopoietisch.

Psychische Systeme verarbeiten einen speziellen, herausselektierten Sinn, an welchen permanent angeschlossen wird. Dies ermöglicht eine konstante Bearbeitung eines bestimmten Themas. Man bleibt (psychisch) bei der Sache. Dieser Sinnbereich wird ausdifferenziert, »bearbeitet« bis zu einem bestimmten Punkt, an welchem das System »kippt«. Dies wird der Fall sein, wenn ein bestimmtes Thema hinreichend bearbeitet worden ist. Systemtheoretisch ausgedrückt: Das psychische System hat sich in erweiterte, komplexere Zustände ausdifferenziert und damit das Komplexitätsgefälle zur Umwelt reduziert. Dieser Sachverhalt wird »Integration« genannt: Aus der Tiefenpsychologie ist uns die Integration von Schattenbereichen bekannt. Systemtheoretisch handelt es sich hierbei um eine interne Ausdifferenzierung des psychischen Systems mit dem Ziel, ein bestimmtes Sinnthema adäquat behandeln zu können. Das psychische Subsystem »Selbstbeobachtung« bezieht sich auf das psychische Subsystem »Selbst«. Erfolgt innerhalb des psychischen Systems zu einem bestimmten Thema eine Ausdifferenzierung, so können die diesbezüglichen Fragen »Wer bin ich?« und »Wie sehe ich das, was ich bin?« mit Inhalten gefüllt werden. Dieser Erweiterungsprozess vollzieht sich durch Selektion und Anschlussbildung und führt zu mehr Komplexität oder Vervollkommnung (tiefenpsychologisch gesehen).

Bei der Arbeit mit Menschen, die im Kontext ihres sozialen Systems beraten werden, kommt dem professionell Tätigen die Aufgabe zu, individuelle Sichtweisen (Wirklichkeitskonstruktionen) der Einzelnen aufzunehmen und individuelle Wahrnehmungen, Gedanken und Gefühle (intrapsychische Prozesse) zu akzeptieren, wobei der Berater diese Phänomene nicht als »statisch« oder »realistisch« betrachtet, sondern sie vor dem konstruktivistischen und systemischen Hintergrund als selbst erzeugt und kontextabhängig sieht. In diesem Sinne ist sowohl eine individuumsbezogen aufnehmend-verständnisvolle Haltung notwendig, als auch eine das Umfeld mit einbeziehende, konstruktivistisch-relativierende Haltung sinnvoll. Geht man von der Subjektivität und Konstruktion von Wirklichkeiten aus, so wird man als Berater im Rahmen von Selbstklärungsprozessen mit Einzelpersonen oder in Gruppen der Entstehung, Veränderung und Auswirkung von Sicht- und Erlebnisweisen Bedeutung beimessen.

6.2.2 Erfahrung

Das psychische System kann aufgrund des bewussten Selbstbezugs das »Selbst« als handelnd wahrnehmen, und da es immer die Differenz auch zur Umwelt im Auge hat, kann es auch Veränderungen im Umfeld (soziales System) wahrnehmen und beides aufeinander beziehen. Dies macht Erkenntnis über die Wirkungszusammenhänge von Handlungs- (die das psychische System dem eigenen Individuum zuschreibt) und Veränderungsprozessen in der Umwelt möglich. Die Folge ist Erfahrung: In der Psyche bilden sich Anschlusselemente, die beispielsweise Informationen über ein bestimmtes wahrgenommenes individuelles Verhalten beinhalten und die damit im Zusammenhang stehende Wahrnehmung der Umwelt. *Das Ausdifferenzieren von Anschlusselementen mit einem Informationswert über das Zusammenwirken zwischen Handlung und Umwelt können wir als Erfahrung bezeichnen.*

Werden nun neue Erfahrungen gemacht, kommt es zu einem internen Prozess nicht nur der weiteren Ansammlung von Daten, vielmehr wird die neue Erfahrung auch zu bereits vorhandenen Erfahrungen in Beziehung gesetzt. Das neue Anschlusselement wird mit allen bislang ausdifferenzierten Anschlusselementen verbunden. Wir haben es mit Erfahrungen 2. Grades zu tun, also nicht mehr nur mit einer Aneinanderreihung einer Vielzahl unterschiedlicher Erfahrungen, sondern mit einem Miteinander-in-Verbindung-Bringen von »Erfahrungssubsystemen«. Die Folge ist ein höheres Emergenzniveau: Es entsteht ein neues System der Auswertung von Erfahrungen, mit dessen Hilfe das eigene Handeln verändert und modifiziert werden kann. *Man macht Erfahrungen mit Erfahrungen*, d.h., man lernt aus Erfahrung. Die Folge ist, dass man die internen Leitlinien des Handelns im Laufe der psychischen Entwicklung verändert. Diese extreme Vergrößerung des internen Verarbeitungspotenzials hat die Wirkung, dass die unmittelbar aus der Sinneswahrnehmung kommende Information in vielfältiger Weise verarbeitet und ausgelegt werden kann. Der Input trifft sozusagen auf die ausdifferenzierte Autopoiesis des psychischen Systems. Daraus folgt, dass eine sensorische Erregung eine Fülle von Wahrnehmungs-, Denk- und Gefühlsassoziationen auslösen kann (siehe oben). Anhand der aktualisierten Operation erfolgt eine interne Steuerung, denn es kann – aus Komplexitätsgründen und Zeitmangel – nicht jedes Element mit jedem verknüpft werden. Insofern greift hier eine Operation 2. Grades, welche potenzielle Assoziationsmuster bewertet und damit einen bestimmten Sinnzusammenhang herausselektiert. Es erfolgt also eine Deutung, während andere Deutungen nicht akualisiert werden und im Hintergrund bleiben.

Es scheint vorteilhaft für das Überleben in einer hochkomplexen Umwelt zu sein, die Außenwelt nicht adäquat wahrzunehmen und daraufhin sein Verhalten abzustimmen; vielmehr wird eine interne Welt gebildet, anhand derer Erfahrungen gemacht, bewertet und gedeutet werden und die eine gesetzmäßige, komplexitätsreduzierte Realität ermöglicht. Auf dieser Basis scheint ein sinnhaftes Sich-Verhalten erst möglich zu sein. Damit kommt dem psychischen System die Funktion zu, eine interne Welt zu konstruieren (Wirklichkeitskonstruktionen). Die Bildung einer internen Realität ist Voraussetzung auch dafür, dass so etwas wie eine vorgestellte Wirklichkeit möglich wird. Man kann Wirklichkeit auch spekulativ und zukunftsorientiert konstruieren; dies ist entscheidend, um Handlungen planen zu können (vgl. Roth 1987a, S. 415).

6.2.3 Erwartungen

Um Handeln oder Eigenverhalten in einer komplexen Umwelt abzustimmen, bedient sich das psychische System nicht nur der Wirklichkeitsvorstellung. Ein zusätzliches Unsicherheit reduzierendes Phänomen kann als Erwartung bezeichnet werden.

> »Bezogen auf psychische Systeme verstehen wir unter Erwartung eine Orientierungsform, mit der das System die Kontingenz seiner Umwelt in Beziehung auf sich selbst abtastet und als eigene Ungewissheit in den Prozess autopoietischer Reproduktion übernimmt.« (Luhmann 1994, S. 362)

Das vom psychischen System Aufgenommene und Erlebte wird auf die Frage hin zugespitzt, ob eine interne Erwartung erfüllt oder enttäuscht wird. Durch diese

Polarisierung wird unbestimmbare Umwelt verstehbar gemacht und Anschlussbildung anhand der Differenz Erfüllung/Enttäuschung von Erwartung vollzogen. Erwartungen sind orientiert an der aktuellen Konstruktion der Wirklichkeit, und von daher ist dafür gesorgt, dass sie nicht in Beliebigkeit ausufern; sie bleiben immer an der (konstruierten) Realität orientiert (vgl. ebd., S. 363).

6.2.4 Reflexion

Im Zusammenhang mit der Selbstreferenzialität ist klar, dass es für das psychische System kein Unbewusstes geben kann, da es auf der Entstehung und Aufrechterhaltung von Bewusstsein beruht. Bewusstsein schließt an Bewusstsein an, ob nun in Form von Wahrnehmen, Denken oder Fühlen oder in Mischformen. Es kann kein Nicht-Bewusstsein anschließen, da in diesem Falle das Bewusstseinssystem nicht aufrechterhalten werden kann.

> »Auf der Ebene basaler Operationen ist … entschieden, dass das Bewusstsein nicht weiß, was es nicht weiß, nicht sieht, was es nicht sieht, nicht meint, was es nicht meint …« (Luhmann 1994, S. 357)

Es gibt also keine Negativität des Bewusstseins, zumindest nicht für das Bewusstsein selbst. Zwischen der Ebene der Autopoiesis des Bewusstseins und der Möglichkeit der Beobachtung und Beschreibung psychischer Systeme muss allerdings unterschieden werden. Während es innerhalb eines geschlossenen Bewusstseinssystems kein Unbewusstes oder Nichtbewusstes geben kann, verändert sich die Perspektive aus der Beobachterposition. Ein externes Beobachtungssystem hat die Möglichkeit, die Verhaltensweise eines bestimmten Systems im sozialen Kontext zu betrachten. Man wird – da ja jedes autopoietische System uneinsichtig ist – von der äußeren Verhaltensweise und den Handlungen auf interne Operationen und Strukturen schließen, und man wird diese beiden Bereiche, Verhalten und vermutete interne Struktur, in Beziehung setzen zu einer ebenso beobachtbaren Umwelt. Hieraus können für den Beobachter Erkenntnisse gewonnen werden, die auf einer Ebene Zugang zum analysierten Objekt zulassen, der für dieses selbst auf der Ebene seiner Operation nicht erreichbar ist. Es handelt sich also um ein höheres Emergenzniveau, von dem aus die darunter liegende Ebene anhand einer Unterscheidung betrachtet wird. Es handelt sich auch hier wieder um die Differenz System/Umwelt, welche neue Einsichten möglich macht.

Bezogen auf das psychische System können wir aus dieser Überlegung folgern: Wir hatten die Psyche als Einheit beschrieben, die einen Selbstbezug zum Selbst entwickelt und aufrechterhält. Auf dieser Basis ist eine Beziehung zu sich selbst möglich, eine Beziehung zur eigenen Systemdefinition, zur eigenen Identität (Selbstkonzept). Darüber hinaus ist offensichtlich, dass ein Sich-selbst-Beobachten das Sich-selbst-Beobachten nicht ein-, sondern ausschließt. Man kann sich selbst beobachten, aber dieses Tun wiederum kann man nur beobachten, wenn man ein neues

Emergenzniveau erreicht. Wenn man also die Psyche beobachtet oder beschreibt, befindet man sich auf einer psychischen Metaebene. Auf dieser Ebene wird nun ein bewusster Bezug zum bewussten Selbstbezug hergestellt.

Diese Fähigkeit kann als *Reflexion* bezeichnet werden. Man reflektiert über eigenes Bewusstsein, über eigene Bewusstseinsprozesse. Man nimmt seine Wahrnehmung wahr, man nimmt sein Denken wahr, man nimmt sein Fühlen wahr. Man denkt über seine Wahrnehmung nach, man denkt über sein Denken nach, man denkt über seine Gefühle nach. Man fühlt sein Wahrnehmen, man fühlt sich denken, man spürt seinen Gefühlen nach. Dies geschieht, indem man die jeweilige Operationsweise seines Bewusstseins in Bezug zu einer Umwelt setzt. So ist eine Unterscheidung möglich, auf diese Weise kann der eigene Bewusstseinsprozess aus einer ununterschiedenen Einheit herausdifferenziert werden, wodurch er erkennbar und handhabbar wird. Anhand des Begriffs der Reflexion wird deutlich, dass nicht nur Fremdreflexion (ein externer Beobachter beschreibt ein anderes System), sondern auch Selbstreflexion existiert. Die grundlegende Operation der Reflexion allerdings macht nun eine neue Unterscheidung möglich: *Die Differenz von Bewusstem und Unbewusstem*.

6.2.5 Das Unbewusste als das Nicht-Ausdifferenzierte

Nach dem allgemeinen psychologischen Verständnis geht man davon aus, dass in der Psyche unbewusste Inhalte existieren. Aus diesem Grund soll an dieser Stelle die »Unbewusstheit« bestimmter psychischer Komponenten *aus systemtheoretischer Perspektive* geklärt werden:

Nach unserer Definition des psychischen Systems operiert dieses nur auf der Basis von Bewusstsein, auf der Basis von Wahrnehmen, Denken und Fühlen. Ein Nicht-Bewusstsein kann innerhalb des Bewusstseinssystems nicht existieren. Von daher ist die Einführung und die Verwendung des Begriffes »unbewusst« nur in Verbindung mit einem externen Beobachter möglich. Dieser kann ein anderes Individuum unter dem Aspekt bewusst – unbewusst beobachten und beschreiben. Der Beobachter kann, anders ausgedrückt, andere Dinge wahrnehmen, denken oder fühlen im Zusammenhang mit einer bestimmten Person als diese Person selbst. Dadurch wird eine zusätzliche Information möglich, eine neue Sichtweise, letztlich eine neue Realitätskonstruktion, die aber zum gegenwärtigen Zeitpunkt nur für einen außenstehenden Beobachter, nicht aber für die betreffende Person existiert. Wird diese Information formuliert, aufrechterhalten, verbreitet, sozial anerkannt und konsensfähig, sehen also mehrere jemanden so oder so, erhält diese Wirklichkeitskonstruktion eine Eigendynamik und wird für den Betreffenden über Kommunikation wahrnehmbar. Nun kann eine Auseinandersetzung stattfinden, die Sichtweise integriert oder aber auch verworfen werden. Letztere Variante hätte aber immerhin zur Folge, dass das betreffende psychische System nun bewusst weiß, dass es sich nicht so sieht. Insofern wird – egal, welche Wahl getroffen wird – in beiden Fällen intern angeschlossen und ausdifferenziert. Mit anderen Worten: Bislang nicht ausdifferenzierte (»unbewusste«)

Komplexität wird durch Anschlussbildung und Ausdifferenzierung strukturiert und für das Bewusstseinssystem handhabbar gemacht.

Auch innerhalb des psychischen Systems selbst existiert eine emergente Ebene, welche die Latenz des noch nicht Ausdifferenzierten in die eigene Operationsweise mit einbezieht und berücksichtigt. Es existiert gleichsam auch innerpsychisch eine Struktur, welcher die Tatsache eines noch nicht ausdifferenzierten »unbewussten« Bereiches bewusst ist. Dem Bewusstseinssystem kann also seine eigene Bewusstseinsgrenze, die in einer autopoietischen Entwicklung erweiterbar ist, bewusst sein. Damit wird ständig eine Komponente in das mit Bewusstsein arbeitende psychische System eingebaut, welche den internen Prozess in Richtung »Erschließung von bislang Nicht-Ausdifferenziertem« durch weitere Differenzierung anschiebt. Es besteht ein enger Zusammenhang zwischen der sozialen Dynamik und dem »Unbewussten«, denn dieses Nicht-Ausdifferenzierte ist ohne eine Existenz sozialer Systeme gar nicht denkbar: Nur im Verhalten erlebt das psychische System sich selbst, gewinnt Einsicht und Bewusstheit in neue Bereiche und erschließt damit Unbewusstes. Verhalten seinerseits setzt jedoch einen Bezug voraus, eine Beziehung zu einem Außen, zu einer Umwelt, zu einem Du. *Damit setzt »Unbewusstheit« das Soziale (System) voraus*: Wäre kein Bezug zu einem Außen vorhanden, ergäben sich keine Unterscheidungsmöglichkeiten für eine Neugewinnung von Informationen. Es würde nur das existieren, was bewusst ist, in einem enthalten und zu einem gehörend. Entwicklung und eine Erschließung des Unbewussten würden nicht stattfinden. *Andererseits setzt das Soziale »Unbewusstheit« voraus*: Solange das psychische System noch nicht (und dies kann es nie erreichen) die gesamte Bewusstseinskomplexität ausdifferenziert und integriert hat, existiert ein noch nicht bewusster Bereich, sodass das psychische System über den Umweg des Sozialen an andere Bewusstseininhalte gebunden bleibt.

Der Einzelne wird durch seine Eingebundenheit in ein soziales System gewissermaßen »ganzer«, da andere Perspektiven und Wirklichkeitskonstruktionen existieren, die über das Kommunikationssystem vermittelt und ausgetauscht werden. Man denke nur an eine Partnerschaft, in welcher ein permanenter Prozess der Mitteilung und Ausbalancierung unterschiedlicher Wirklichkeitskonstruktionen stattfindet. Im Laufe der Zeit besteht so die Möglichkeit für jedes psychische System, auch grundlegende Annahmen über das Leben zu modifizieren, neue Sichtweisen hinzuzugewinnen und damit zu einer differenzierteren Betrachtungs- und Erlebnisweise zu gelangen. Partnerschaft wird so zum Entwicklungsfeld, wobei die andere Variante, mit dieser Problematik der Unterschiedlichkeit umzugehen, auch häufig vorherrscht: Wirklichkeitskonstruktion steht gegen Wirklichkeitskonstruktion, keiner (kein psychisches System) ist bereit, sich zu öffnen und Neues zu integrieren (auszudifferenzieren). Dies wird dann als Auseinandersetzung und Kampf erlebt, eine Entwicklung kann nicht stattfinden. Man verbarikatiert sich und verharrt im Schutz der eigenen Konstruktion. Tiefenpsychologisch formuliert bestimmen dann Projektionen das Geschehen. Das psychische System erschafft sich eine Wirklichkeit, in welcher bestimmte, als unangenehm erlebte Themen, Eigenschaften, Charakterzüge etc. dem anderen zugeschrieben werden. Folglich erlebt das System eigene Inhalte als nicht zu sich gehörend, da sie external attribuiert werden: Es ist der andere, nicht aber ich selbst. Dass hier allerdings eine Selbsttäuschung vorliegt, liegt nach unseren bisherigen Ausführungen auf der Hand: Bewusstsein kann nur an eigenes Bewusstsein anschließen, das psychische System bleibt geschlossen. Es gibt kein Bewusstsein eines anderen, es gibt keine Eigenschaft eines anderen. Vielmehr existiert ein internes Bild bzw. ein persönliches Bewusstsein mit dem Titel »Bewusstsein des anderen« oder »Eigenschaften meines Partners«. Erst durch eigenes Betrachten kann etwas existieren, und zwar genau in der Form, wie es der Betrachter sieht und sich bewusst macht. Als Betrachter aber fungiert das individuelle psychische System des Einzelnen mit seiner eigenen subjektiven Wahrnehmung.

An dieser Stelle haben wir den Brückenschlag zwischen Systemtheorie und Tiefenpsychologie: Der Entwicklungsprozess der Psyche ist ein permanent stattfindender interner Vorgang der Systemdifferenzierung, wodurch das System erweitert, die interne Realität vergrößert und flexibilisiert wird. Tiefenpsychologisch formuliert ist der Entwicklungsprozess der Psyche ein permanent stattfindender Vorgang der Integration. Es geht um das Bewusstwerden bislang unbewusster Inhalte, um das Ganzwerden, Heilwerden, um die Rücknahme der Projektionen, um das Erlangen eines Selbstbewusstseins im wahrsten Sinne des Wortes: Das Selbst soll in seiner Ganzheit bewusst sein (ausdifferenziertes psychisches System). Freud beschrieb diesen Weg als Selbstanalyse bezogen auf Überich, Ich und Es, Jung führte den Begriff der Individuation ein: ein Weg zur Ganzheit, zu sich selbst. Alle tiefenpsychologischen Methoden und Theorieentwürfe lassen sich anhand des Begriffs der Schattenintegration beschreiben: Es geht um das Erkennen, dass unbewusste oder abgelehnte Teile (der Schatten) letztlich zu einem selbst gehören. Der Weg der Integration ist der Weg der Ganz- und Heilwerdung. Aus systemischer Sicht gesprochen ist es das permanente bewusste Prozessieren des psychischen Systems, welches sich über Anschlussbildungen in ein immer komplexeres »Bewusstseinskonglomerat« hineinentwickelt. Eine Entwicklung kann immer dann stattfinden, wenn Projektionen zurückgenommen werden: Wenn das psychische System gewissermaßen in der Bewusstheit operiert, dass es für das eigene Bewusstsein selbst verantwortlich ist, da es als Konstrukteur einer Wirklichkeit fungiert. Das Wissen um die eigene Subjektivität macht offener für neue Eindrücke und Bereiche. Es erschließt einen großen Entwicklungsbereich.

Der systemische Berater verfolgt als Ziel, durch spezifische Kontakt-, Kommunikations- und Interventionsgestaltung derartige Refexionsprozesse in den beteiligten psychischen Systemen anzuregen. Dies ist möglich, da eine gegenseitige Beeinflussung von psychischem System (Bewusstsein) und sozialem System (Kommunikation) vorhanden ist. Dies wird im nächsten Kapitel verdeutlicht.

III. Psychosoziale Einheiten: Das Zusammenwirken von psychischen und sozialen Systemen

1. Interpenetration

Das Verhältnis zwischen psychischem und sozialem System kennzeichnet ein spezifisches Zusammenspiel. Psychische Systeme sind nur denkbar, da individuelle physische Systeme (der Körper) vorhanden sind, und soziale Systeme konstituieren sich nur aufgrund des Vorhandenseins psychischer Systeme. Dies gilt auch umgekehrt: Ohne soziale Systeme sind keine psychischen Systeme denkbar, da sich die Psyche auf das Verhältnis Individuum – Umwelt bezieht. Ohne ein Außen kein Innen, ohne ein Sich-Verhalten im sozialen System keine Bewusstheit über sich selbst als Individuum. *So leisten beide (psychisches und soziales System) einen Beitrag zur Hervorbringung und Aufrechterhaltung der jeweiligen Systemelemente. Man nennt dies Interpenetration.*

Als Interpenetration wird ein wechselseitiges Sich-Ermöglichen von Systemen bezeichnet. Es wird eine Beziehung zwischen Systemen beschrieben:

> »Von Penetration wollen wir sprechen, wenn ein System die eigene Komplexität (und damit: Unbestimmtheit, Kontingenz und Selektionszwang) zum Aufbau eines anderen Systems zur Verfügung stellt ... Interpenetration liegt entsprechend dann vor, wenn dieser Sachverhalt wechselseitig gegeben ist, wenn also beide Systeme sich wechselseitig dadurch ermöglichen, dass sie in das jeweils andere ihre vorkonstituierte Eigenkomplexität einbringen.« (Luhmann 1994, S. 290)

Teilweise benutzen zwar die beiden Systeme dieselben Elemente, jedoch erhalten diese in der jeweiligen Einheit eine andere Bedeutung, eine andere Sinnzuschreibung, und es wird in jedem System per Anschlussbildung unterschiedlich weiteroperiert. Für beide Systemarten ist die *Handlung* ein entscheidendes Phänomen. Sie wird von beiden Einheiten mitberücksichtigt und spielt von daher eine wesentliche Rolle bei der jeweiligen internen Anschlussbildung. *In der Handlung kommen gewissermaßen psychische und soziale Strukturen zusammen, wenngleich unterschiedliche Bedeutungen vorliegen:* Soziale Systeme beziehen sich auf Handlung immer nur im Zusammenhang mit dem kommunikativen Aspekt. Da sie auf der Basis von Kommunikation operieren, existiert hier Handlung nur auf der Grundlage des sinnvollen Kommunizierens. Im Bereich der Psyche steht Handlung im unmittelbaren Zusammenhang mit dem Bewusstsein: Handlung erscheint hier als Bewusstseinshandlung und hat zu tun mit Wahrnehmen, Denken und Fühlen.

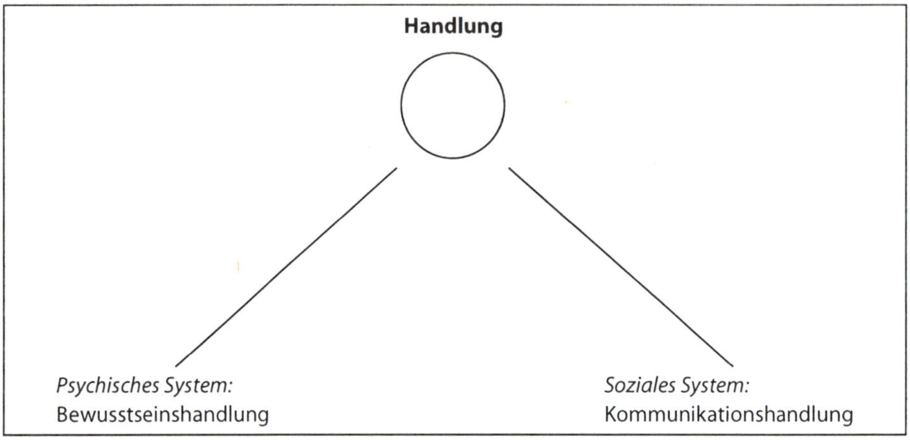

Abb. 7: Handlung im psychischen und sozialen System

Psychische und soziale Systeme arbeiten mit Hilfe von Sinn, um Komplexität zu reduzieren und handhabbar zu machen. Dennoch ist ihre Differenz entscheidend: Trotz Interpenetration bleiben sie füreinander Umwelt; jedes System verwirklicht seine Autopoiesis. Das psychische System operiert auf der Basis des Bewusstseins, das soziale System auf der Grundlage der Kommunikation. *Es besteht keine Kausalwirkung zwischen Psyche und sozialem Umfeld. Es gibt kein Zuerst, dem etwas folgt. Vielmehr ermöglichen sich beide Ebenen durch Interpenetration gegenseitig, sind gewissermaßen synchron aufeinander bezogen.* Das psychische System stellt die Komplexität der Möglichkeiten des sinnvollen bewussten Operierens zur Verfügung, und auf der anderen Seite wird vom sozialen System die Komplexität der Möglichkeiten des sinnvollen Kommunizierens bereitgestellt. Für beide Einheiten bleibt die vom anderen System zur Verfügung gestellte Komplexität uneinsehbar und von daher ein Unsicherheitsfaktor, dennoch wird gerade dies in der eigenen Arbeitsweise mitberücksichtigt.

Wir können folgern: Soziale Systeme benutzen die Komplexität psychischer Einheiten, um diesen gewissermaßen diejenigen Handlungen zu entziehen, die ihren Regeln genügen. Umgekehrt verarbeiten psychische Systeme diejenigen Sequenzen aus dem sozialen Feld, an welche psychisch angeschlossen werden kann. Es besteht ein rekursivers Verhältnis zwischen sozialen Strukturen und Psyche, beide bedingen sich wechselseitig. Beide Phänomenbereiche existieren getrennt voneinander und doch in gegenseitiger Abhängigkeit. Diese Synchronizität des Psychischen und Sozialen wird im Folgenden anhand unterschiedlicher Modelle aufgezeigt. Dadurch kommt die Umsetzung unserer Theorie für die praktische Arbeit näher in den Blick, denn es handelt sich um theoretisch fundierte Konzeptionen, aus welchen konkrete beraterische Haltungen, Ziele und Interventionen abgeleitet werden können (vgl. Kap. IV u. V). Verschiedene Modelle aus der systemischen Therapie, die im Folgenden dargelegt werden, integrieren eine kommunikationsbezogene (Sozialsystem) und personenbezogene (psychisches System) Sichtweise. Entsprechend der Überschrift dieses Kapitels und der praktischen Arbeitserfahrung (Zusammenwirken psychischer und sozialer Systeme) kann die Interpenetration des Psychischen und Sozialen als »Metaeinheit« oder »Metasystem« beschrieben werden: *Die psychosoziale Einheit.*

2. Das Drei-Komponenten-Modell

> »Als Gruppe bezeichnen wir eine überschaubare Anzahl von Menschen ..., die über längere Zeit miteinander in Interaktion stehen, wobei die Mitglieder sich als zusammengehörig erleben (Wir-Gefühl), gemeinsame Ziele, Aufgaben oder Interessen haben, gemeinsame Normen entwickeln und in der Interaktion untereinander eine bestimmte Machtstruktur und eine Rollenverteilung aufweisen, die sich auch in den affektiven Bindungen ... und in den Kommunikationsmerkmalen äußert.« (Becker/Langosch 1984, S. 238)

In dieser Definition von Gruppe wird explizit auf den Menschen als Letztelement abgezielt, wobei von diesem Standpunkt aus die Interdependenz zwischen Affektivität (in unserem Sinne »psychisches System«) und Kommunikationsmuster (»soziales System«) beschrieben wird. Aus einer systemischen Perspektive heraus ist es zulässig, Gruppen oder Klientensysteme aus der individuumsbezogenen Perspektive oder aber aus der Kommunikationsperspektive heraus zu definieren. Wir hatten uns in unseren theorethischen Ausführungen für letztere Möglichkeit entschieden (vgl. »Problemstellung«: »Zwei systemtheoretische Ansätze«). Für die praktische Beratungstätigkeit ist es aber wichtig zu sehen, dass sich beide Herangehensweisen auf das Zusammenspiel von Individuum und Kommunikationsprozess beziehen. Einmal geht man vom Menschen aus und sagt, dass dieser mit seinen intrapsychischen Prozessen und Wirklichkeitskonstruktionen die Kommunikation bestimmt. Auf der anderen Seite nimmt man als Ausgangspunkt den Kommunikationskontext, der seinerseits das Individuum beeinflusst. Die moderne Familientherapie, die sich sowohl an der selbstreferenziellen Theorie sozialer Systeme orientiert als auch explizit den einzelnen Menschen bei der therapeutischen Arbeit im Blick hat, arbeitet vor dem Hintergrund einer Integration beider dargelegter Sichtweisen (vgl. Weber/Stierlin 1991, S. 79).

Im Drei-Komponenten-Modell der psychosozialen Einheit können wir diesen Zugang allgemein auf jede denkbare Form von Klientensystemen (neben Familien z.B. Arbeitsgruppen, Organisationen) beziehen. Eine Berücksichtigung von Kommunikationsmustern sowie intrapsychischen Prozessen und Sichtweisen der Beteiligten wird möglich:

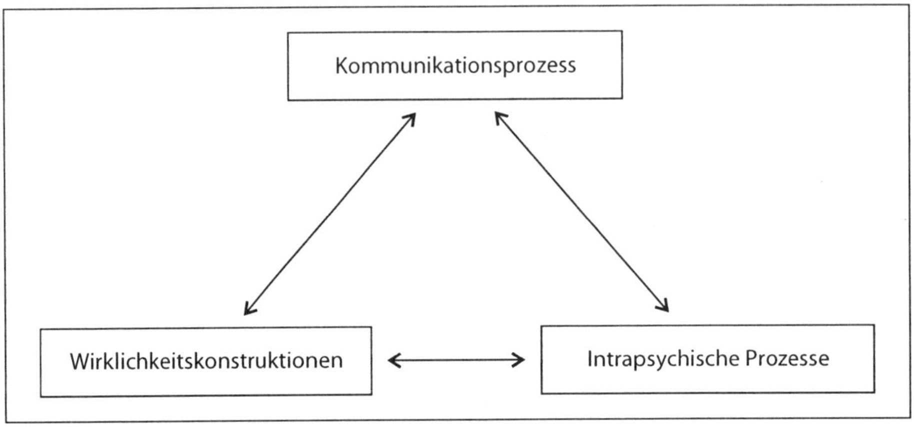

Abb. 8: Drei-Komponenten-Modell der psychosozialen Einheit

Von einer analytischen Betrachterposition aus werden drei Bereiche ausdifferenziert, die – zirkulär miteinander verknüpft – in psychosozialen Kontexten relevant sind und innerhalb derer sich die selbstreferenzielle Dynamik der Einheit vollzieht. Das Klientensystem ist damit eine selbstreferenzielle psychosoziale Einheit, welche sich auf der Basis von Kommunikation (interaktionale Sichtweise) selbst aufrechterhält und für den Beobachter eine Struktur ausbildet. Dabei spielen die Wirklichkeitskonstruktionen und intrapsychischen Prozesse (personale Sichtweise) eine entscheidende Rolle, sodass sich der Praktiker sowohl auf das Kommunikationssystem als auch auf die psychischen Systeme bezieht. Damit steht dem Berater ein Modell zur Verfügung, welches die Komplexität vorgefundener psychosozialer Realität dreiteilig strukturiert. Die genannten Komponenten können isoliert analysiert und konkreten Veränderungsstrategien zugeordnet werden (vgl. Kap. V).

3. Das Mitglied-Konzept

Der systemorientiert arbeitende Berater kann sich neben der Verwendung des Drei-Komponenten-Modells auch auf das »Mitglied-Konzept« von Ludewig (1992) stützen, wodurch es ihm ebenfalls ermöglicht wird, sowohl den Menschen in seinen körperlichen und psychischen Belangen zu berücksichtigen als auch den Prozess der Kommunikation als eigendynamische Komponente zu beachten.

Um eine Verbindung herzustellen zwischen den unterschiedlichen Betrachtungsebenen »Mensch« und »Kommunikation« schlägt Ludewig den Begriff »Mitglied« vor. »Mitglied« wird nicht als Synonym für »Mensch« verstanden, sondern als Einheit, die nur im Zusammenhang mit einem sozialen Kontext zu sehen ist und deren Existenz von dem Vorhandensein eines sozialen Systems (Kommunikation) abhängt.

> »Mitglieder konstituieren einander in der Kommunikation als ›operationale Kohärenzen‹. Ein Beobachter kann sie erschließen, indem er kommunikative Operationen zurückverfolgt, aber ebenso wie Kommunikation nicht direkt beobachten. Mitglieder verarbeiten Differenzen: Sie deuten Handlungen als Mitteilungen; sie ordnen sich Themen zu und qualifizieren Beiträge; sie aktivieren ausgewählte kognitiv-funktionale Kohärenzen bei den Menschen, die sie ›verkörpern‹, und filtern passende Reaktionen aus; und sie führen Handlungen aus und sorgen damit für kommunikative Kontinuität (Anschlussbildung). Andererseits entstehen Mitglieder erst durch den Vollzug von Kommunikation und werden dadurch erst als solche qualifiziert ... Als kommunikative Einheiten verarbeiten und stiften Mitglieder Sinn und reduzieren Komplexität: In der Sachdimension ordnen sie sich Themen zu, in der Zeitdimension stellen sie Kontinuität her, und in der sozialen Dimension gestalten sie überschaubare Einheiten ... ›Mensch‹ und ›Mitglied‹ sind strukturell gekoppelt, verursachen einander aber nicht ... Während ›Mensch‹ ein Lebewesen bezeichnet und sich schon dadurch vom sozialen Operator ›Mitglied‹ unterscheidet, enthält ›Rolle‹ ein verallgemeinertes Programm für die Ausführung einer Klasse von Mitgliedschaften (der Polizist, die Hausfrau).« (Ludewig 1992, S. 110f.)

Ein Mitglied ist damit eine personale Einheit (psychisches System), welches sich in einer Gruppe befindet und in das Kommunikationsnetz eingebunden ist. Mitgliedschaft kann aber auch aus einer bestimmten formalen Rolle resultieren, die dem Einzelnen in einem Organisationskontext zukommt. Dies gilt insbesondere für funktionale (Arbeits-)Gruppen, Verbände, Organisationen etc.

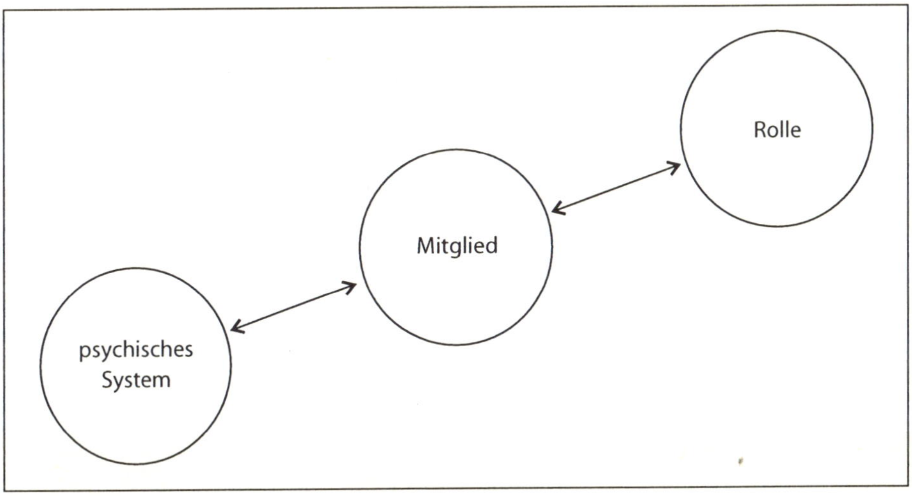

Abb. 9: Mitgliedschaft

Die »Rollen-Perspektive« ist vor allem sinnvoll für Arbeitsfelder, innerhalb derer die soziale Identität und das Selbstkonzept der Beteiligten im Wesentlichen von der Festlegung formaler Rollen abhängig sind (Organisationen) bzw. systemisch formuliert: mit der Festlegung formaler Rollen zirkulär verknüpft sind. Besteht kein Bedarf an einer spezifischen Rollenfunktion innerhalb einer Organisation, kann keine Mitgliedschaft entstehen. Auch in Partnerschaften und Familien lassen sich Beziehungsmuster (vgl. Kap. I, 14.4) vor dem Hintergrund der Rollenerwartung und -ausführung begreifen, auch wenn hier keine »formalen« Rollenprofile vorliegen, wie dies u.U. in Organisationen, schriftlich festgelegt, der Fall sein kann. Als »Bindeglied« zwischen psychischem System und formaler Rolle kann mit Hilfe des »Mitglieds« die Dynamik in einer psychosozialen Einheit untersucht werden:

Betrachtet man vereinfacht den zirkulären Prozess, der sich zwischen dem »Mitglied« und dem Systemganzen abspielt, kann man von einem Input an das Mitglied und von einem Output des Mitglieds sprechen.

> »Das Mitglied … erhält als Eingaben Informationen über Verhaltenserwartungen von den Inhabern der unmittelbar umgebenden Positionen. In diesen Eingaben bündeln sich indirekt vermittelte und direkt entstehende Erwartungen. Von diesen Nachbarpositionen her erfolgt die Sendung der Rolle.« (Irle 1972, S. 50)

Der Bestimmung der gesendeten Rolle an eine fokale Position im System folgt die Betrachtung der empfangenden Rolle, denn »das durchaus gerichtete Ausstrahlen von Informationen ist nur in dem Maße Senden von Informationen, wie und in welcher Weise der Empfänger in der Lage ist, diese Informationen aufzufangen und zu begreifen« (ebd., S. 51). Mit anderen Worten: Die im Kommunikationssystem enthaltenen Informationen über Erwartungen der anderen Systemmitglieder treffen beim Einzelnen auf ein geschlossenes psychisches System, welches strukturdeterminiert aufnimmt und verarbeitet.

> »Der Inhaber der fokalen Position baut eine psychologische oder auch kognitive Repräsentation von Verhaltenserwartungen des sozialen Systems an ihn auf. Die bloße Tatsache, dass an ihn solche Erwartungen in der gesendeten Rolle kommuniziert werden, garantiert noch lange nicht, dass die Repräsentation bzw. die empfangene Rolle sich mit der gesendeten Rolle deckt.« (Ebd., S. 51)

Durch das eigene Verhalten oder »Rollen-Senden« nimmt nun seinerseits das Individuum (psychisches System) Einfluss auf das Sozialsystem. Aus dem bisher Gesagten lässt sich nun ein Rückkoppelungskreislauf konstruieren: Bestimmte Verhaltenserwartungen der Mitglieder eines Systems strukturieren und formen eine Rolle, die an eine bestimmte fokale Position gesendet wird (gesendete Rolle). Hierdurch wird die empfangende Rolle beeinflusst, die jedoch maßgeblich determiniert ist durch das interne psychische System mit seiner spezifischen Repräsentation. Die ausführende Rolle wird nun gespeist und mitbestimmt von der jeweiligen Realitätskonstruktion und den intrapsychischen Prozessen. Es erfolgt nun eine Handlung des Mitglieds, die von den anderen Systemmitgliedern wahrgenommen und »kontrolliert« wird: Das »Ergebnis« wird mit ihren Erwartungen an die betreffende Person verglichen, wobei auf diese Auswertung weitere Handlungen (Kommunikation) in gleicher oder modifizierter Form folgen.

Die Abbildung 12 (S. 82) skizziert diesen zirkulären Prozess in Bezug auf nur zwei herausgegriffene Individuen (psychische Systeme bzw. Mitglieder bzw. Rollen) und ordnet ihn in den Kontext der psychosozialen Einheit ein. Je nach Sichtweise des Betrachters erklärt der Rückkoppelungskreislauf nicht nur die soziale Dynamik und die Aufrechterhaltung der Rollen und damit gewisser individueller Verhaltensmuster, sondern auch das spezifische Hineinwachsen eines Kindes in ein familiäres System. Wird ein Kind geboren, tritt es in ein bestehendes soziales System ein, und es wird empfangen von Verhaltenserwartungen von Seiten der Familienangehörigen (Eltern und evtl. Geschwister). Bestimmte Rollenerwartungen werden gesendet (Kommunikationsprozess) und das Kind entwickelt, während es heranwächst, eine interne Repräsentation dieser Vorstellungen (empfangenen Rolle). Es entsteht ein Bild zu sich selbst im Zusammenhang mit dem sozialen System, mit der Familie. Diese Verknüpfung führt zu einer sozialen Identität, die gewisse Grundannahmen und Grundprägungen beinhaltet, die sich lebenslang als bestimmte Muster ausdrücken können (Lebensskript). Das Kind verhält sich nun und handelt, es »spielt seine Rolle« als Mitglied in der Familie. Auch das ist Kommunikation und veranlasst die anderen Beteiligten, vorwiegend die Eltern, gemäß ihrer Erwartung abzuklären, inwieweit ein adäquates Verhalten vorliegt (aus Sicht der Eltern). Es erfolgt also eine Kontrolle und damit ein neuer Input an die Kindrolle. Der Kreislauf hat sich geschlossen und wird so weiterlaufen. Damit entstehen und verfestigen sich Rollenmuster, Verhaltensmuster, Wahrnehmungs-, Denk- und Gefühlsmuster.

Der Kreislauf wäre auch von einer anderen Seite her betrachtbar. Nimmt man als Ausgangspunkt das individuelle psychische System des Kindes, so kann man folgende Rückschlüsse ziehen: Die für das psychische System relevanten Botschaften aus dem Kommunikationssystem Familie führen zu intrapsychischen Prozessen und werden zu einer Realitätskonstruktion verdichtet, die eine Identitätsentwicklung ermöglicht. Angeregt durch elterliche Botschaften, determiniert aber durch die eigene Struktur kommt es zu einer empfangenen Rolle. Das Kind verhält sich und handelt, wodurch es seinerseits aufgrund der intrapsychischen Prozesse und Wirklichkeitskonstruktionen Einfluss auf das Sozialsystem Familie ausübt und damit auch die Kommunikationshandlungen der Eltern mitbestimmt.

Durch das eigene Verhalten erfolgt eine Rückverbindung mit dem Kontext, innerpsychisch erlebt man sich erst dadurch, und es werden Erfahrungen möglich anhand der internen sozialen Zuordnung des eigenen Verhaltens. Häufig geschieht das durch »Immer-wenn-dann-Bezüge«, die das eigene Agieren und Reagieren im sozialen Bereich zu erlebten Konsequenzen in Beziehung setzen. Aus diesen Erfahrungen heraus entwickelt das Kind weitere sinnvolle Strategien, sich adäquat zu verhalten (was es selbst als adäquat erlebt). Wahrnehmungs-, Denk- und Gefühlsstrukturen bilden sich aus und verfestigen sich mehr und mehr. Subjektiv Erlebtes gerinnt zu einer Identität.

Die Realitätskonstruktion und das Handeln der eigenen Person im sozialen Kontext geraten in Wechselwirkung mit der Tendenz, sich gegenseitig zu bestärken. Dadurch verfestigen sich Wahrnehmungs-, Denk- und Gefühlsmuster, aber auch Verhaltens- und Rollenmuster. Die Folge ist eine große Wahrscheinlichkeit, dass diese Dynamik in neue soziale Kontexte übertragen wird (z.B. können Beziehungserfahrungen des Kindes zu den Eltern oder die Beziehungsgestaltung der Eltern in der Wahrnehmung des Kindes in dessen spätere Partnerschaften übertragen werden).

4. Grundmechanismen nach Hellinger

Nach Hellinger (vgl. Weber 1995) gibt es drei basale Grundmechanismen in Beziehungen: Bindung, Ausgleich und Ordnung.

Diese Konzeption wird an dieser Stelle aufgeführt, da sie aus der Praxis heraus entwickelt wurde und ein interessanter und bislang in der wissenschaftlichen Diskussion kaum beachteter Versuch ist, Wirkungskräfte innerhalb psychosozialer Einheiten, die sich sowohl auf die soziale als auch auf die psychische Dynamik beziehen, zu beschreiben.[1]

Es wird von einem fundamentalen »Gewissen« oder »Grundgefühl« ausgegangen, welches innerhalb der Psyche, aber auch innerhalb des Sozialsystems eine Steuerungsfunktion einnimmt. Es regelt mit Hilfe von Gefühlen, die in polarisierter Form auftreten und damit eine Steuerungsfunktion für soziales Verhalten übernehmen. Das psychische System kann gewissermaßen mit Hilfe von auftretenden Gefühlen an aus dem sozialen System kommende Informationen anschließen, wodurch ein adäquates soziales Verhalten dieses Individuums gewährleistet ist. Insofern entspricht der Regelungsmechanismus, der soziale Systeme aufrechterhält, einem innerpsychischen Regelungsmechanismus, welcher durch Anschlussbildung im Gefühlsbereich operiert.

Das steuernde Grundgefühl manifestiert sich in der Polarität Lust/Unlust bzw. Unschuld/Schuld. Lust und ein Sich-unschuldig-Fühlen auf der einen, Unlust und ein Sich-schuldig-Fühlen auf der anderen Seite kennzeichnen den Spannungsbereich. Dieser Mechanismus lässt sich in einer komplementären Konfiguration darstellen:

Lust – Unlust
Unschuld – Schuld

1 Hellinger bezieht seine Konzeption auf Familie und Sippe. Denkbar wäre eine modifizierte Übertragung auch in andere soziale Kontexte. So wird bereits in der systemischen Organisationsberatung teilweise nach dieser Konzeption gearbeitet.

Das innerpsychische System empfindet aufgrund dieser Regelungsfunktion folgende Gefühle, die im Zusammenhang mit den genannten Grundmechanismen stehen:

Grundmechanismus	*Gefühl im Lust/Unschulds-Pol*	*Gefühl im Unlust/Schuld-Pol*
Bindung	Geborgenheit Dazugehörigkeit Wärme	Ausschluss Isolation Kälte
Ausgleich	Freiheit Leichtigkeit	Druck Verpflichtung
Ordnung/Normen	Recht Treue Gewissenhaftigkeit	Furcht vor Strafe

Im Sinne des Grundmechanismus der Bindung fühlt man sich entweder geborgen und dazugehörig oder aber ausgeschlossen und isoliert. Diese Gefühle sind Reaktionen auf das Erleben der eigenen Person im sozialen Kontext (beispielsweise Familie). Auf der anderen Seite sind diese innerpsychischen Anschlussbildungen über das Gefühl Regler für das eigene Verhalten: Das psychische System erlebt einen bestimmten Zusammenhang zwischen eigenem sozialen Verhalten und Reaktion der anderen. Es erfolgt also auf der Gefühlsebene eine Anschlussbildung, welche eine starke Zielorientierung aufweist: Wenn sich ein Kind isoliert und ausgeschlossen fühlt, wird es in der Folge alles tun, um das gegenpolige Gefühl des Dazugehörens, der Wärme und Geborgenheit zu erlangen. Damit steuert der Bindungsmechanismus individuelles Verhalten im Sinne des Ganzen.

Im Sinne des Ausgleichs wird psychisch entweder angeschlossen mit dem Fühlen von Freiheit und Leichtigkeit oder aber mit dem Gefühl von Druck und Verpflichtung. Zum einen entsteht in jedem von uns ein Verpflichtungsgefühl, wenn wir etwas (geschenkt) bekommen. Besonders in Fällen, in welchen man plötzlich einseitig sehr viel von jemandem erhält, kommt man unter Druck und Verpflichtung. Zu danken ist die einfachste Form, wieder freier zu werden und Leichtigkeit zu spüren. In der Regel wird man jedoch versucht sein, über ein ähnliches Geschenk oder einen anderen, als gleichwertig empfundenen Ausgleich wieder Balance herzustellen. Der Schenkende dagegen erlebt Freiheit und Leichtigkeit, bis in ihm dieses Gefühl durch erhaltene Gegengeschenke nachlässt. Somit gewährleistet das Bedürfnis nach Ausgleich den Austausch von Geben und Nehmen und hält Beziehungen aufrecht. Zu Störungen kann es kommen, wenn kein Ausgleich geschaffen wird. Wenn jemand beispielsweise in einer Beziehung ständig mehr gibt, als er nimmt (oder bekommt), so kann im Partner ein Unfreiheits- und Schuldgefühl entstehen, welches ihm die Beziehung nur schwer ertragen lässt. So könnte man in diesem Fall das Scheitern einer Beziehung auf den mangelnden Ausgleich von Geben und Nehmen zurückführen, was entsprechende beraterisch-therapeutische Handlungsimplikationen nach sich ziehen würde.

Im Sinne der Ordnung, der Normen erlebt man entweder das Gefühl, im Recht zu sein, treu und gewissenhaft den Systemregeln zu dienen und damit »innerhalb« des Systems zu stehen, oder aber man erlebt ein Schuldgefühl, welches sich als Furcht vor Strafe manifestiert. Auch hier herrscht eine Wirkung vor, welche Wahrnehmen, Denken und Fühlen der Beteiligten im Sinne des sozialen Systems steuert.

Die Grundmechanismen nach Hellinger wirken sowohl auf der psychischen als auch auf der sozialen Ebene. Sie erklären die psychische Eingebundenheit in größere Einheiten, die auch dann noch besteht oder bestehen kann, wenn man sich (äußerlich) von diesen Systemen (z.B. Herkunftsfamilie) gelöst hat. Als therapeutisches Ziel tritt in den Mittelpunkt, individuelle Veränderungen durch das Erleben und Bewusstmachen von Systemstrukturen im Sinne der Grundmechanismen zu erreichen. In Bezug auf die Bindung ist etwa zu erkunden, an wen (z.B. ein Elternteil) jemand (noch) gebunden ist in einem Sinne, dass es dem persönlichen Wachstum hinderlich ist. Zum Beispiel kann durch die Befolgung entsprechender Regeln bzw. Normen oder aufgrund eines Ungleichgewichts im Austausch von Geben und Nehmen eine entwicklungshemmende Bindung aufrechterhalten werden. Im Sinne des Ausgleichs kann gefragt werden, wo man mehr zu geben (z.B. durch Danken oder Achten) oder zu nehmen (z.B. durch Aufgabe des Erhabenheitsgefühls, welches den Nicht-Nehmer auszeichnet) hat. Im Sinne der Normen kann man sich fragen, welchen Vorschriften man sich verpflichtet fühlt, was sie einem an Nutzen bringen und welchen Preis man auf der anderen Seite dafür bezahlt und ob man dies beibehalten oder ändern möchte.

5. Familiäre Interaktionsmuster: Delegation, Bindung und Ausstoßung

Die Interaktionsmodi von Delegation, Bindung und Ausstoßung gehen auf Stierlin (1982) zurück, der innerhalb eines »Sendungs-Konzepts« die innerfamiliäre Dynamik beschreibt. Diese Interaktionsmuster wollen wir wie die Grundmechanismen nach Hellinger sowohl als innerpsychische Komponenten als auch als Wirkfaktoren in sozialen Systemen (Familien) betrachten.

Unter *Delegation* wird ein Aussenden eines Kindes verstanden, welches aber gleichzeitig eine Mission erfüllen soll.

> »Ein Kind (vorzugsweise ein Jugendlicher), das ›delegiert‹ wird, erhält die Erlaubnis und Ermutigung, aus dem elterlichen Umkreis herauszutreten – aber nur bis zu einem gewissen Punkt. Es wird sozusagen an langer Leine gehalten, und seine Freilassung erfolgt nur bedingt und begrenzt.« (Stierlin 1982, S. 24)

Die Aufträge können verschiedenen Bereichen oder Prinzipien zugeordnet werden. Stierlin unterscheidet als psychoanalytisch orientierter Familientherapeut in die Es-

Ebene (beispielsweise wird ein Jugendlicher delegiert, die nicht gelebten sexuellen Bedürfnisse der Eltern auszuleben), die Ich-Ebene (beispielsweise erspart das Kind den Eltern Konflikte und Probleme, es schützt die Eltern) und in die Überich-Ebene (hier ist es z.B. möglich, dass ein Kind einen vom Vater ersehnten, aber nicht erreichten Beruf ergreift). Der Sozialisationsprozess solcherart delegierter Kinder kann entgleisen. Dies geschieht insbesondere dann, wenn mehrere Aufträge erteilt wurden, die miteinander nicht vereinbar sind. Ein Sohn, der einerseits einen unkonventionellen Lebensstil mit ausschweifender Erregung und Sexualität leben und anderseits ein vorbildlicher, geradliniger Student sein soll, wird seiner Mission nicht gerecht werden können. Darüber hinaus ist es möglich, dass man durch bestimmte Aufträge in Treuekonflikte gerät, insbesondere dann, wenn man von einem Elternteil beauftragt wird, den anderen herabzusetzen.

Zwei weitere Interaktionsmodi werden beschrieben: Delegation bedeutet »Aussenden« und »Mit einer Mission betrauen«. Wird das Kind nun mit einer Mission betraut, aber gleichzeitig nicht weggeschickt, bleibt es im Banne der Eltern *(Bindung)*. Wird das Kind dagegen lediglich ausgesendet, ohne einen Auftrag erhalten zu haben, so ist es innerhalb des Familiensystems unerwünscht, unbrauchbar und vernachlässigt. Diese Dynamik beinhaltet der Interaktionsmodus der *Ausstoßung*.

Zunächst zur *Bindung:* Hier legen Eltern ihren Kindern gegenüber eine Art unreflektierten Besitzanspruch an den Tag. Bei starker Ausprägung beherrschen, manipulieren und erdrücken sie den Nachwuchs. »Dominierendes Vereinnahmen von Seeleneigentum, das mit abhängigen anderen … praktiziert wird, kennzeich- net … den Interaktionsmodus der Bindung.« (ebd., S. 48) Bindung hat in diesem Zusammenhang eine etwas andere Bedeutung als im Konzept Hellingers: Während sie dort als notwendiges Bedürfnis gesehen wird, welches innerhalb einer Familie vorhanden ist, jedoch auch zu negativen Auswirkungen führen kann, wird Bindung im Sinne Stierlins als von vorneherein pathologisch aufgefasst: Unter Bindung als Gegenpol zur Ausstoßung ist eine übermäßige Inbesitznahme des Kindes von Seiten der Eltern zu verstehen, die sich in unterschiedlicher Weise ausdrücken kann.

Vollzieht sich die Bindung auf der Es-Ebene, liegt häufig eine Beeinflussung der Kinder dahingehend vor, dass sie infantil, abhängig und schwach bleiben. Auf dieser Basis können sie dann von den Eltern ausgebeutet werden. Die Gefahr für ein solches Kind liegt darin, dass es – verwöhnt wie es ist – keine Motivation aufbringt, sich von der Überstimulierung von den Eltern loszusagen und auf eigene Faust seinen Willen durchzusetzen. Die Gefahr erscheint groß, im Zusammensein mit anderen enttäuscht und zurückgestoßen, also nicht als Nr. 1 verwöhnt zu werden. Liegt eine Bindung auf der Ich-Ebene vor, so nehmen die elterlichen Botschaften direkten Einfluss auf die Integrität und Identität des Kindes. Es wird widersprüchlichen Informationen ausgesetzt, seine Ich-Bildung wird kontrolliert und manipuliert.

> »Offenbar kommt diesen Müttern niemals der Gedanke, ihrem Kinde zu erlauben, sich selbst zum Sprecher seiner Wünsche, Gefühle oder Gedanken zu ma-

> chen. Vielmehr definieren und verwalten diese Mütter anscheinend im Bewusstsein einer sich nie irrenden Gewissheit vollständig das innere Leben ihres Kindes: ›Maria, meine Tochter, mag keine anderen Kinder, sie ist so depressiv, so nervös, hat Angst vor der Dunkelheit …‹, hören wir etwa eine derartige Mutter in den ersten Interviewminuten sagen.« (Ebd., S. 49f.)

Bei einer Bindung auf der Überich-Ebene wird die junge Generation dahingehend beeinflusst, dass sie eine starke, zumeist jedoch unbewusste Loyalität zu den Eltern entwickelt.

> »Bei der Überich-Bindung … induzieren Eltern ihrem Kinde eine massive Ausbruchsschuld. Ständig – obschon in der Regel verdeckt – geben sie ihm zu verstehen, dass sie es verzweifelt brauchen, dass ihr eigenes psychologisches Überleben von ihm allein abhängt. Wie bei der obigen Es-Bindung beuten sie auch hier kindliche Abhängigkeitsbedürfnisse aus, aber darüber hinaus profitieren sie von dem Bedürfnis ihres Kindes, ihnen als loyaler Delegierter zu dienen. Sie nutzen, mit andern Worten, kindliche Bedürfnisse aus, die darauf abzielen, eine Aufgabe, eine Lebensrichtung, einen Sinn, ein Gefühl der Wichtigkeit zu finden.« (Ebd., S. 51)

Schließlich zur *Ausstoßung*: Wird ein Kind, besonders in seiner frühen und abhängigen Phase, nicht wichtig genommen, nicht mit Wärme, Zuneigung, Interesse und Geborgenheit versorgt, so liegt der Interaktionsmodus der Ausstoßung vor.

> »Für das ausgestoßene Kind ist das Erlebnis zentral, als Mensch und Beziehungsperson nicht emotional besetzt zu sein, nicht wichtig genommen zu werden, menschliche Überschussware darzustellen.« (Ebd., S. 71)

> »In den Begriffen Bindung und Ausstoßung spiegelt sich die Dominanz zentripetaler oder zentrifugaler Kräfte bei der intergenerationellen Trennungsdynamik wider. Allgemein lässt sich sagen: Herrscht der Bindungsmodus vor, bleibt das Kind – mehr oder weniger – im Familienghetto gefangen und seine Trennung verzögert sich. Dominiert dagegen der Ausstoßungsmodus, beschleunigt sich die Trennung in eine häufig frühreife Autonomie. Dabei enthalten Bindung und Ausstoßung ein dialektisches Moment, das auf den Ausgleich bindender und ausstoßender Kräfte abzielt: Ein gebundenes Kind (bzw. ein gebundener Ehepartner, Patient usw.) ist leicht versucht, aus der Gebundenheit auszubrechen, bleibt aber in der Regel Gefangener der tief und anhaltend zum Zuge kommenden Bindungsstrukturen – es sei denn, diese verändern sich tiefgreifend. Entsprechend erzeugt Ausstoßung ein Verlangen nach Bindung. Aber solche Bindungssuche scheitert in der Regel an der Macht der die Ausstoßung bedingenden und erhaltenden tieferen Strukturen.« (Ebd., S. 68f.)

In unserem Zusammenhang interessiert uns die Interdependenz zwischen psychischem und sozialem System: Diese wurde bereits anhand verschiedener Modelle in diesem Kapitel dargelegt. Auch bezogen auf obiges Zitat kann man formulieren, dass ein Zusammenhang besteht zwischen den »tieferen Strukturen« und der immer wieder aufgelegten oder noch in Zukunft aufzulegenden Beziehungsdynamik des Einzelnen. Zwar sucht ein Ausgestoßener die Bindung und umgekehrt ein gebundener die Distanz, aufgrund der psychischen Strukturen, die als grundlegend und größtenteils »unbewusst« (noch nicht ausdifferenziert) angesehen werden können, wird jedoch häufig stets das gleiche oder ein ähnliches soziales Muster aufgelegt. Erst Bewusstheit über diese »tieferen Strukturen« kann eine Veränderung ermöglichen. Solange ein bestimmter Inhalt nicht im psychischen System bewusst ist, scheinen bestimmte »tiefere Strukturen« dafür zu sorgen, dass dieser Inhalt sich auf der sozialen Ebene manifestiert. Und umgekehrt: Solange man in einem sozialen System (Familie) eingebunden ist, scheint es nicht einfach zu sein, reflektierende Distanz zur Familiendynamik, dessen Teil man (unbewusst) ist, zu erlangen. Auf diese Weise bleibt man beispielsweise »gebunden«, ohne es zu merken – es ist im subjektiven Erleben »normal«, sodass dieser Interaktionsmodus anhand der Interdependenz von psychischen und sozialen Systemen auf andere Beziehungen übertragen werden kann.

6. Psyche und Kommunikation

Im Folgenden soll der in diesem Kapitel im Mittelpunkt stehende Zusammenhang zwischen Psyche und Kommunikation noch etwas näher erörtert werden. Wie wird die Kommunikation einerseits durch intrapsychische Prozesse bestimmt und umgekehrt (6.1) und andererseits durch Wirklichkeitskonstruktionen bestimmt und umgekehrt (6.2)?

6.1 Intrapsychische Prozesse und Kommunikationsstil

Um der ersten Frage nach der Wechselwirkung von innerpsychischen Prozessen und Kommunikationsdynamik nachzugehen, bietet sich die Kommunikationspsychologie nach Schulz von Thun (1997) an. Die Kommunikation wird aus der psychologischen Sichtweise heraus beschrieben (in unserem Sinne wird hier untersucht, wie das psychische System den Kommunikationsprozess erlebt). Eine Nachricht oder Kommunikationseinheit wird aus vier Komponenten bestehend gesehen: Man unterscheidet zwischen Sachinhalt, Selbstoffenbarung, Beziehung und Appell.

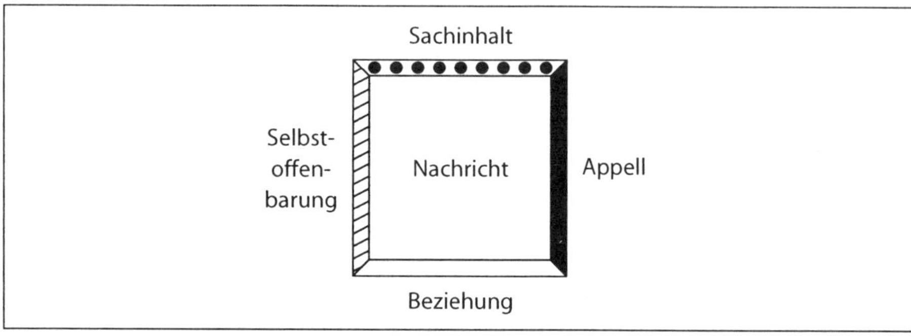

Abb. 10: Die Nachricht in ihrer Relevanz für das psychische System (vgl. Schulz von Thun 1997, S. 30)

Eine Nachricht beinhaltet für den Empfänger stets vier Elemente:

- Der *Sachinhalt* zeigt an, worüber sich das psychische System informiert sieht. Es handelt sich um die Sachinformation, die der Empfänger wahrnimmt.
- Die *Selbstoffenbarungs*seite der Kommunikationseinheit drückt für die Psyche aus, was der Sender von sich selbst durch sein Kommunizieren kundgibt. In jeder Nachricht ist eine Information über den Sender enthalten. Der Begriff der Selbstoffenbarung schließt die gewollte Selbstdarstellung, aber auch die ungewollte Selbstenthüllung mit ein.
- Als dritte Komponente wird der *Beziehungs*aspekt angeführt: Auf dieser Ebene »hört« das psychische System wie man zueinander steht und was man voneinander hält. In jeder Nachricht sind also auch permanent Informationen enthalten über die jeweilige Beziehungsdefinition und Beziehungssicht der Beteiligten.
- Schließlich beinhaltet Kommunikation im psychischen Erleben einen *Appell*. Jede Kommunikationseinheit wird auch als Einflussnahme, als eine Veränderungsintention übermittelnd erlebt.

Durch Kommunikation (Sozialsystem) erfolgt also eine Systemänderung der Psyche, die ohne Interaktion nicht vorhanden wäre, die jedoch nicht durch den Sender, sondern einzig und allein durch den Empfänger (durch das autopoietisch und strukturdeterminiert empfangende psychische System) gestaltet wird.

Die Kommunikationstheorie von Schulz von Thun gibt in diesem Sinne einen einfachen Rahmen vor, mit dessen Hilfe man das psychische System in seiner spezifischen Weise, Kommunikation aufzufassen und intern zu verarbeiten, näher analysieren kann. Anhand der skizzierten vier Aspekte der Kommunikation kann nun betrachtet werden, wie ein psychisches System Kommunikation »hört«. Es bieten sich ständig Informationen auf allen vier Ebenen an, aus welchen selektiert werden kann und oft auch muss.

> »Je nachdem auf welche Seite … (der Empfänger) besonders hört, ist seine Empfangstätigkeit eine andere: Den Sachinhalt sucht er zu verstehen. Sobald er die Nachricht auf die Selbstoffenbarungsseite hin ›abklopft‹, ist er personaldiagnostisch tätig (›Was ist das für eine(r)?‹ bzw. ›Was ist im Augenblick los mit ihm/ihr?‹). Durch die Beziehungsseite ist der Empfänger persönlich besonders betroffen (›Wie steht der Sender zu mir, was hält er von mir, wen glaubt er vor sich zu haben, wie fühle ich mich behandelt?‹). Die Auswertung der Appellseite schließlich geschieht unter der Fragestellung ›Wo will er mich hinhaben?‹ bzw. in Hinblick auf die Informationsnutzung (›Was sollte ich am besten tun, nachdem ich das nun weiß?‹) … Je nachdem, welches seiner vier Ohren der Empfänger gerade vorrangig auf Empfang geschaltet hat, nimmt das Gespräch einen sehr unterschiedlichen Verlauf.« (Ebd., S. 44)

Das psychische System – hier als »Empfänger« beschrieben – hat die Möglichkeit, auf »vier Ohren« zu hören. Das bedeutet, es kann intern an eine gegebene Kommunikationseinheit (Nachricht) in verschiedener Art anschließen. Je nach innerer Einstellung und Erleben des psychischen Systems wird eine gewisse Struktur vorgegeben, Kommunikation intern zu verarbeiten. Die spezifische Art und Weise der inneren Anschlussbildung wiederum hat Auswirkungen auf den weiteren Ablauf der Interaktion.

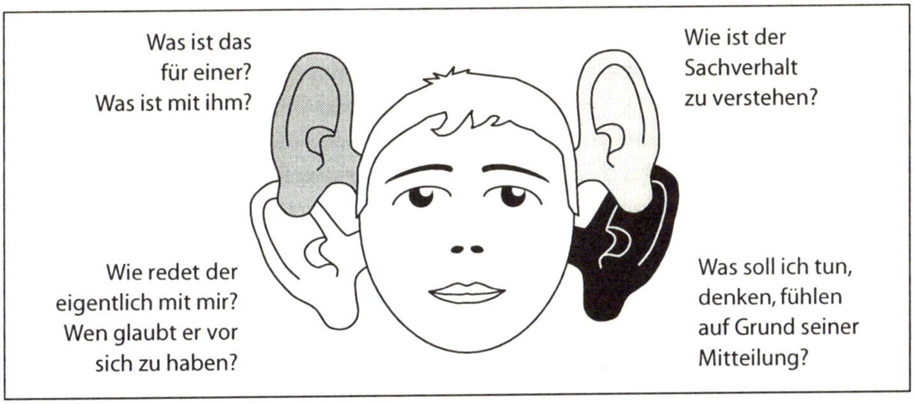

Abb. 11: Die »vier Ohren« des psychischen Systems (Schulz von Thun 1997, S. 45)

Anhand dieser Abbildung wird das psychische System beschrieben in seinen Möglichkeiten, intern Kommunikation zu verarbeiten und zu interpretieren. Gerade dieser Möglichkeitsbereich macht Kommunikation in Bezug auf die psychische Verarbeitung (von der sie ja wiederum beeinflusst wird) so schwierig. Das psychische System hat in seiner Anschlussbildung die freie Auswahl, und so kann es oft geschehen, dass intern vor allem ein Aspekt verarbeitet und »gehört« wird, auf welchen jedoch der Sender keinen großen Wert gelegt hat, der nicht bewusst gesendet wurde.

An dieser Stelle sind wir wieder an der grundsätzlichen Problematik der Kommunikation angelangt: Innerhalb der psychosozialen Einheit sind zwei verschiedene Systeme (psychisches und soziales) beteiligt. Eine Botschaft (soziales System) kann immer so, aber auch anders verstanden werden (psychisches System), dies ist »die Gefahr der Kommunikation«. Die beteiligten psychischen Systeme bleiben füreinander uneinsichtig (black box), und von daher bleibt lediglich die Möglichkeit, sich am sozialen System (an Kommunikation) zu orientieren. Dieses wird aber immer autopoietisch nach der eigenen internen Struktur ausgewertet. Diese Situation der doppelten Kontingenz hatten wir bereits als kommunikative Grundsituation beschrieben (vgl. Kap. I, 11).

Für den Bereich der Psyche bedeutet das: Es ist wünschenswert, dass eine Ausdifferenziertheit dahingehend vorliegt, dass in allen vier Möglichkeitsbereichen angeschlossen werden kann. Das psychische System sollte also dahingehend entwickelt sein, dass es intern hochkomplex auf alle Ebenen der Kommunikation reagieren kann. Oft liegt jedoch eine Struktur vor, welche eine bestimmte Komponente betont. Dies kann man als einseitige Empfangsgewohnheiten bezeichnen:

Das »Sach-Ohr«
Gerade in einer wissens- und sachorientierten Welt wird oft besonderes Gewicht gelegt auf die Sachinformation einer Nachricht. Bei einer einseitigen Auffassung in dieser Richtung kann es jedoch leicht zu Schwierigkeiten kommen, wenn das eigentliche Problem im Bereich des Beziehungsaspektes liegt. Schulz von Thun (ebd., S. 47) führt hierzu folgendes Beispiel an:

Frau: »Liebst du mich noch?«
Mann: »Ja, weißt du, da müssten wir erst einmal den Begriff ›Liebe‹ definieren, da kann man ja nun sehr viel darunter verstehen ...«
Frau: »Ich mein doch nur, welche Gefühle du mir gegenüber hast ...«
Mann: »Nun, Gefühle – das sind ja zeit-variable Phänomene, darüber gibt es keine generellen Aussagen ...«

In diesem Fall wird offensichtlich aneinander vorbeigeredet. Das autopoietische System der Kommunikation läuft weiter, aber die beteiligten psychischen Systeme erleben u.U. eine Störung. Das psychische System der Frau fokussiert auf den Beziehungsbereich, während das psychische System des Mannes im Sachbereich anschließt. *Kommunikationsprobleme müssen also aus systemtheoretischer Sicht der Ebene der psychischen Systeme zugeschrieben werden, da innerhalb des sozialen Systems Kommunikation trotz unterschiedlicher Interpretation autopoietisch weiterläuft.* Dies wäre selbst dann der Fall, wenn die Frau frustriert das Feld räumen und sich zurückziehen würde. Auch dieses Verhalten wäre Kommunikationshandlung und hätte seine Wirkung, welche spezifische Anschlussbildungen im selbstreferenziellen Paarsystem hervorrufen würde (z. B. könnte sich der Mann daraufhin ebenso zurückziehen, was wiederum die Frau veranlassen könnte, einen gemeinsam geplanten Kinobesuch platzen zu lassen ...).

Das »Beziehungs-Ohr«

Wird eine Nachricht hauptsächlich auf der Beziehungsseite empfangen, so liegt im Hinblick auf den »beziehungsohrigen« Empfänger der umgekehrte Fehler (im wörtlichen Sinne: Es fehlt etwas) vor: Die Sachseite tritt in den Hintergrund, das empfangende psychische System schließt vorwiegend und einseitig im Beziehungsbereich an.

> »Bei manchen Empfängern ist das auf die Beziehungsseite gerichtete Ohr so groß und überempfindlich, dass sie in viele beziehungsneutrale Nachrichten und Handlungen eine Stellungnahme zu ihrer Person hineinlegen oder übergewichten. Sie beziehen alles auf sich, nehmen alles persönlich, fühlen sich leicht angegriffen und beleidigt. Wenn jemand wütend ist, fühlen sie sich beschuldigt, wenn jemand lacht, fühlen sie sich ausgelacht, wenn jemand guckt, fühlen sie sich kritisch gemustert, wenn jemand wegguckt, fühlen sie sich gemieden und abgelehnt. Sie liegen ständig auf der ›Beziehungslauer‹«. (Ebd., S. 51)

Das »Selbstoffenbarungs-Ohr«

Interpretiert und verarbeitet ein psychisches System eine Botschaft mit dem »Selbstoffenbarungs-Ohr«, so wird die Bewusstheit selektiv auf den Bereich der Kommunikation gerichtet, welcher Informationen über den Sender enthält. Das empfangende System nimmt vorwiegend die »Ich-Botschaften« von Seiten des Senders wahr, weniger die »Wir-Botschaften« bzw. »Du-Botschaften«, welche den Beziehungsaspekt charakterisieren. Ein bestimmtes Verhalten wird beispielsweise nicht auf die gemeinsame Beziehung und damit auch auf sich selbst bezogen, sondern es wird erklärt und im Zusammenhang gesehen mit Dingen, die nur in Verbindung stehen mit der Person des Senders.

> »Es wäre viel gewonnen, wenn wir die gefühlsmäßigen Ausbrüche, die Anklagen und Vorwürfe unserer Mitmenschen mehr mit dem Selbstoffenbarungs-Ohr zu empfangen in der Lage wären. Dann könnten wir dem anderen eher seine Gefühle zugestehen, könnten uns ruhig darauf einlassen, ohne gleich in große Sorge um unsere ›weiße Weste‹ und um unser seelisches Heil zu geraten. Wir wären weniger mit unserer eigenen Rehabilitation beschäftigt und könnten stattdessen besser zuhören und so besser dahinter kommen, was mit dem anderen wirklich los ist.« (Ebd., S. 55f.)

In diesem Zusammenhang macht Schulz von Thun auf ein oft vorzufindendes Kommunikationsproblem aufmerksam. Es besteht in der Schwierigkeit, ein bestimmtes Verhalten oder eine Aussage nicht eindeutig auf die Selbstoffenbarungs- oder auf die Beziehungsebene zuordnen zu können. Folgendes Beispiel verdeutlicht dies:

> »Der eine Ehepartner zieht sich auf sein Zimmer zurück. Liegt die Hauptbotschaft dieses Verhaltens auf der Selbstoffenbarungsseite (›Ich brauche Ruhe, möchte für mich alleine sein – das hat nichts mit dir und unserer Beziehung zu tun‹) oder auf der Beziehungsseite (›Ich kann dich jetzt nicht ab‹)? Beides wäre möglich.« (Ebd., S. 53).

Das »Appell-Ohr«

Interpretiert und verarbeitet ein psychisches System eine Nachricht mit dem »Appell-Ohr«, so liegt ein selektives Bewusstsein für den Bereich der Botschaft vor, welcher Informationen enthält über das, was in der Wahrnehmung des Empfängers der Sender erreichen und bewirken will. Die Gefahr liegt darin, zu sehr auf dem »Appell-sprung« zu sein, es allen Recht machen zu wollen.

> »Kleinste Signale werden auf ihre Appell-Komponente hin untersucht. Ein Gast guckt sich um, der Gastgeber reagiert: ›Was suchst du? Einen Aschenbecher? Warte, ich hole einen.‹ Kinder werden oft gelobt, wenn sie ›zuvorkommend‹ sind, d.h., ein Gefühl dafür entwickeln, was der Erwachsene wohl gerne hätte. Für eine partnerschaftliche, klare Kommunikation ist dies keine gute Vorübung. Der Empfänger mit dem übergroßen Appell-Ohr ist meist wenig bei sich selbst, hat keine ›Antenne‹ für das, was er selbst will und fühlt.« (Ebd., S. 59)

Diese anschauliche Darstellung der »vier Ohren« macht deutlich, auf welch unterschiedliche Weise der einzelne am Kommunikationsprozess Beteiligte agieren und reagieren kann. Die innerhalb des psychischen Systems vorhandene Komplexität und unbegrenzte Offenheit des Möglichkeitsbereiches kann anhand der beschriebenen vier Komponenten klarer umrissen und strukturiert werden.

Je nachdem, mit welchem »Ohr« der Einzelne intern arbeitet, wird er sich innerhalb des äußeren Kommunikationssystems verhalten und kommunizieren. Liegt vorwiegend eine innere Verarbeitung auf der Sachebene vor, wird im Kommunikationsverlauf auch sachorientiert angeschlossen werden. Liegt dagegen hauptsächlich eine interne Operation auf der Ebene der Beziehung vor, so wird diese Person auch den Kommunikationsprozess als externes System unter diesem Blickwinkel betrachten: Die eigenen und die fremden Interaktionsbeiträge enthalten aus der Sicht dieses psychischen Systems vorwiegend Beziehungsbotschaften. Das heißt, dass das soziale System als Kommunikation erlebt wird, welche hauptsächlich entlang der Sinnorientierung »Beziehung« prozessiert.

Im Rahmen von Beratungsprozessen lässt sich die Kommunikationspsychologie von Schulz von Thun nutzen, über metakommunikative Prozesse bei den Beteiligten Bewusstheit über Vorlieben (»Welches ist mein Lieblingsohr?«), Zusammenhänge (»Wie agiere und reagiere ich demzufolge?«) und Folgen (»Wie gestaltet sich damit einhergehend unser Kommunikationssystem?«) zu erlangen.

6.2 Wirklichkeitskonstruktionen und Kommunikationsstil

Das in sich geschlossen arbeitende autopoietische psychische System ist zur Subjektivität gezwungen. Es gibt keine objektive Kommunikation, sondern einen Interaktionszusammenhang, welcher von einzelnen Beteiligten oder von einem Beobachter beschrieben und erlebt wird. Dieses Erleben, Beschreiben und Analysieren steht also in engem Zusammenhang mit der Struktur desjenigen Systems, welches die Analyse vornimmt: Alles Beobachtete wird von einem beobachtenden System beobachtet, alles Gesagte wird von einem interagierenden System (doppelte Kontingenz!) gesagt, jede Analyse wird von einem untersuchenden System erstellt usw. Vergegenwärtigen wir uns die Folge dieser Rückschlüsse, so führt das unmittelbar zu dem bereits beschriebenen Phänomen der Realitätskonstruktion bzw. Wirklichkeitskonstruktion. *Ausgangspunkt jeder Beschreibung und Betrachtung ist eine subjektive Realität, die innerhalb eines selbstreferenziellen Systems konstruiert wird. Für den Bereich der Kommunikationspsychologie bedeutet das: Die empfangene Botschaft ist ein Konstrukt des Empfängers, der sich seine kommunikative Wirklichkeit durch selbstreferenzielle Bewusstseinsanschlussbildung erschafft.*

Im Zusammenhang mit der Beschreibung des psychischen Systems hatten wir die Identität oder das Selbstbild eines Individuums als Phänomen beschrieben, welches sich an den Fragen »Wer bin ich?« und »Wie sehe ich das, was ich bin?«, orientiert. Dieses Selbstkonzept oder diese Wirklichkeitskonstruktion über sich selbst steht in Wechselwirkung zum Kommunikationssystem. Die Bewusstseinsselektion des psychischen Systems nimmt Einfluss auf die Kommunikationsselektion des sozialen Systems und umgekehrt. Die innerhalb der Psyche konstruierte Realität steht dabei besonders in Verbindung mit den Beziehungsinformationen, welche in einer Kommunikationseinheit enthalten sind, also mit dem Beziehungsaspekt der Kommunikation. In der Kommunikationspsychologie wird davon ausgegangen, dass das Selbstkonzept ein Ergebnis aus Beziehungsbotschaften darstellt, welche das Kind in einer frühen Phase empfangen hat. Diese Sichtweise verstellt jedoch den Blick auf den umgekehrten Zusammenhang: Wie kommt es zur Wahrnehmung einer bestimmten Beziehungsbotschaft? Diese Frage beantworten wir mit der Autopoiesis des psychischen Systems, welches sich, operational geschlossen, gemäß seiner eigenen Struktur ausdifferenziert und nur jene Umweltreize wahrnimmt, welche für es im Sinne seiner eigenen Entwicklung relevant sind. Insofern greift die kausale Erklärung, die Psyche sei durch das soziale Umfeld, durch die Beziehungsbotschaften geprägt, zu kurz. Es handelt sich um einen zirkulären Zusammenhang von Psyche und Kommunikation, und aus der Sicht der Autopoiesis-Theorie lassen sich die Interpenetration und das Wechselspiel beschreiben, nicht aber die Frage nach dem Ursprung oder dem Grund beantworten. Die Frage lautet also nicht, ob es sich um eine psychische Grundausstattung *oder* um prägende Umwelteinflüsse handelt, sondern auf *welche Art und Weise beide Komponenten ineinander wirken* (vgl. Prenzel/Schiefele 1993, S. 135f.).

> »Mitglieder menschlicher Systeme beheimaten sich jeweils in bestimmten Wirklichkeitskonstruktionen. In diesen Konstruktionen spiegeln sich Vorannahmen – oder wenn man will: Ideen – darüber wider, wie man sich verhalten soll (z.B. so, dass man sich nicht mehr gönnt als die anderen, dass man niemanden alleine zurücklässt, dass man sich nicht scheiden lassen darf etc.), ob und wie man sich zu bestimmten Aufgaben, Lernerfahrungen, Lebensmöglichkeiten (z.B. alleine zu leben, ein Studium einzuschlagen, sich zu verlieben etc.) befähigt und berechtigt fühlt, ob und wie man sich zukünftige Entwicklungen vorstellt oder nicht vorstellt, ob und wie man sich selbst als Zentrum eigener Initiative und sich (für eigenes Verhalten und selbst für eigene Symptome) verantwortlich erlebt, wie man Kausalzusammenhänge konstruiert und damit möglicherweise sich selbst und andere mit Schuld be- oder entlastet.
> Solche Ideen sind gleichsam die Aufhänger (oder Pfeiler) der jeweiligen Realitätskonstruktionen oder, wenn man will: der inneren Landkarten. Diese Konstruktionen gehen wieder mit bestimmten Mustern der Interaktion einher, die – so zeigt es sich zumindest dem Außenstehenden – nach Regeln ablaufen. Diese regelmäßigen Muster wirken wieder auf die Realitätskonstruktion zurück. Man kann sagen: Muster und Realitätskonstruktionen bedingen/bestätigen/erhalten sich in einem rekursiven Prozess.« (Stierlin 1988, S. 54f.)

7. Sprache

In jeder psychosozialen Einheit findet eine permanente Koordination des Verhaltens der Beteiligten statt. Für Menschen ist das wichtigste Koordinationswerkzeug die Sprache. Für Maturana ist die menschliche Entwicklung eng verknüpft mit einem evolutionären Quantensprung, der es ermöglicht, die Koordination von Verhalten auf höherer Ebene mit Hilfe der Sprache abzustimmen.

> »Jeder minimale Sprachakt beschleunigt die Verhaltenskoordination. Sobald sich die Verhaltenskoordination beschleunigen lässt, entsteht etwas ganz Neues, explodiert etwas. Damit gelangt man zur ›koordinierten Verhaltenskoordination‹. Mit ein wenig Nachdenken erkennt man, dass wir genau das die ganze Zeit über tun … Mit dem Schritt von der einfachen zur koordinierten Koordination beginnt etwas Neues, ist eine höhere logische Ebene erreicht.« (Maturana 1996, S. 207)

Sprache ermöglicht die Ausdifferenzierung von Kommunikationsprozessen aus einem bestimmten Wahrnehmungskontext (vgl. Luhmann 1994, S. 210). Sie operiert auf einer abstrakteren Ebene und macht eine Verhaltenskoordination auch unabhängig von momentaner Zeit und gegenwärtigem Raum möglich. Der Mensch im »vorsprachlichen Zustand« dagegen hat nur die Möglichkeit, über Körpersprache im Hier und Jetzt zu kommunizieren.

Legt man den Blickwinkel auf den Zusammenhang von psychischem und sozialem System, so kommt der Sprache eine verbindende Funktion zu. Da es sich jedoch bei beiden Systemarten um in sich geschlossene Einheiten handelt, kann Sprache, die von beiden verwendet oder – wenn man so will – verstanden wird, nicht Gleiches bedeuten. Nach Luhmann handelt es sich um das uns bekannte Interpenetrationsverhältnis: »Das soziale System stellt die eigene Komplexität, die den Test der kommunikativen Handhabbarkeit bestanden hat, dem psychischen System zur Verfügung. Die für diesen Transfer entwickelte evolutionäre Errungenschaft ist die Sprache.« (Ebd., S. 367).

Sprache erfüllt zwei verschiedene Funktionen: *Sie ist Repräsentation von Erfahrungen, die sich zwar nicht vollständig beschreiben lassen, zu welchen es aber keinen anderen als den sprachlichen Zugang gibt. Zum anderen wird gesprochen, um innere Sichtweisen mitzuteilen:*

> »Wir gebrauchen ... (Sprache) vor allem, um unsere Erfahrung zu repräsentieren – wir nennen dies Folgern, Denken, Fantasieren, Einstudieren. Wenn wir die Sprache als Repräsentationssystem gebrauchen, schaffen wir ein Modell unserer Erfahrung. Dieses Modell der Welt, das wir durch unseren repräsentierenden Gebrauch der Sprache schaffen, beruht auf unseren Wahrnehmungen der Welt. Unsere Wahrnehmungen sind auch teilweise bedingt durch unser Modell bzw. durch unsere Repräsentation ... Zweitens gebrauchen wir unsere Sprache, um unser Modell bzw. unsere Repräsentation der Welt einander mitzuteilen. Wenn wir unsere Sprache zur Mitteilung gebrauchen, nennen wir das Reden, Diskutieren, Schreiben, Lehren, Singen.« (Bandler/Grinder 1994, S. 43f.)

Sprache ist sowohl dem psychischen als auch dem sozialen System zuzuordnen. In Bezug auf die Psyche wird von einer elementareren Ebene ausgegangen, auf welcher die unmittelbaren Erfahrungen stattfinden, die dann in sprachlicher Form repräsentiert werden. Darüber hinaus bedingt das durch Sprache generierte Bild oder Modell der Welt die weitere Wahrnehmung der Welt, obgleich es selbst auf Wahrnehmungen beruht. Es besteht also ein innerpsychisches Wechselverhältnis zwischen (sprachlicher) Repräsentation bzw. Wirklichkeitskonstruktion auf der einen und dem Wahrnehmen, Denken und Fühlen auf der anderen Seite. In Bezug auf die soziale Ebene ist Sprache als das wichtigste Mitteilungsmedium (neben der nonverbalen Kommunikation) anzusehen.

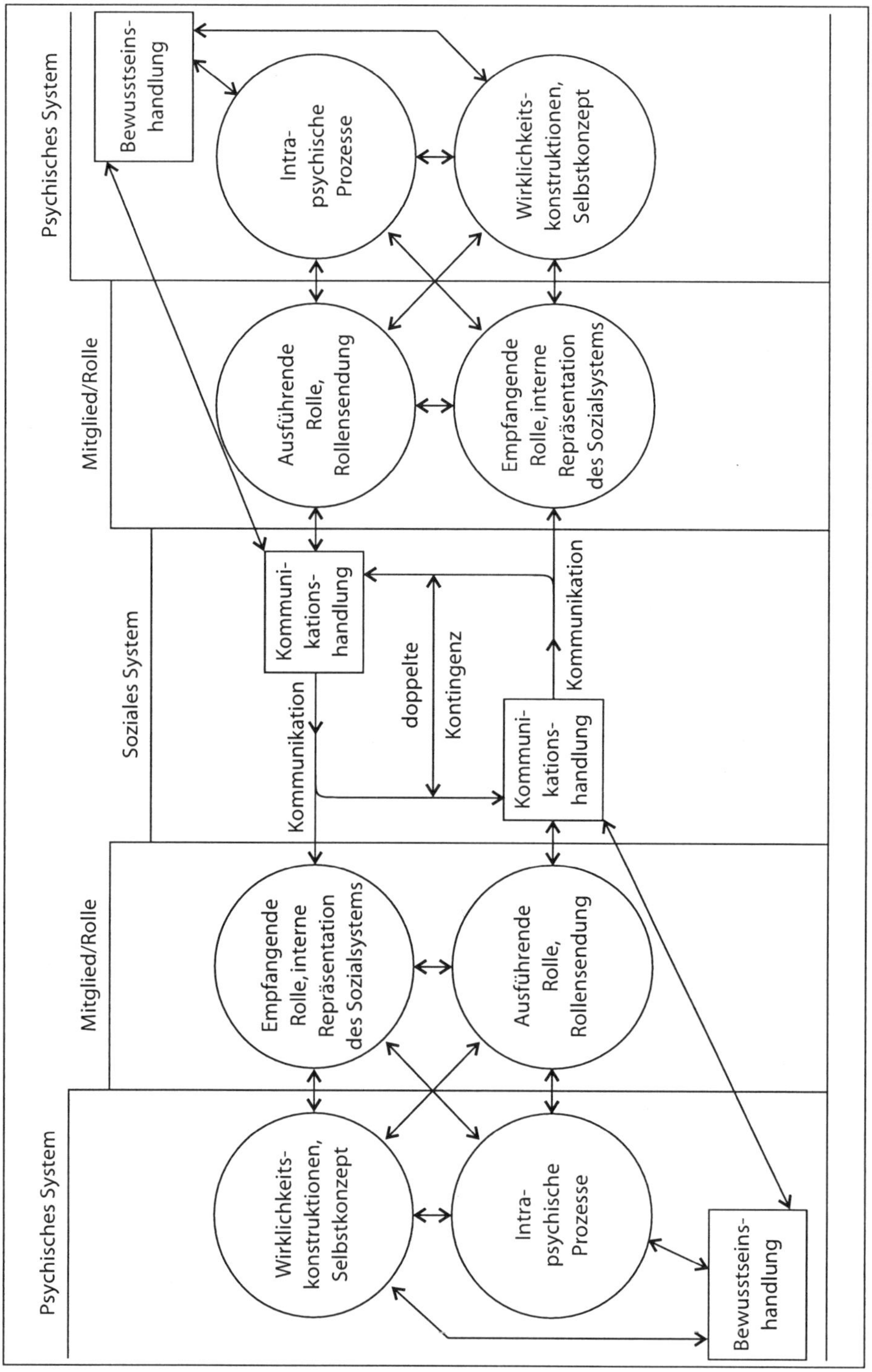

Abb. 11: Die psychosoziale Einheit

IV. Systemische Beratung

Aufgabenstellung dieses Kapitels ist es, unsere bisherigen systemtheoretischen Überlegungen auf die Beratung, auf den Beratungsprozess und auf das systemische Verständnis der Beratung zu übertragen. Die Autopoieses-Theorie und die Annahme einer operationalen Geschlossenheit sinnverarbeitender psychischer und sozialer Systeme muss sinnvoll in eine Theorie der Beratung integriert werden.

Im Wesentlichen ist Beratung gekennzeichnet durch einen Interaktionsprozess zwischen einem oder mehreren Ratsuchenden und dem/den Berater(n) mit dem Ziel, Entscheidungshilfen durch Vermittlung von Information und/oder von Fertigkeiten zur Problembewältigung bereitzustellen (vgl. Schwarzer/Posse 1993, S. 634).

- *Der Interaktionsprozess:* Das Beratungssetting selbst ist ebenso als psychosoziale Einheit zu verstehen wie Klientensysteme, welche sich aus mehreren Personen zusammensetzen. Wir sprechen im Folgenden vom »Beratungssystem«.
- *Ratsuchender/Ratsuchende:* Adressatensysteme systemischer Beratung können sowohl Einzelne als auch Sozialsysteme bzw. psychosoziale Einheiten sein. Als Anwendungsfelder systemischer Beratung seien hier die Einzelfallhilfe, Paar- und Familienberatung, Teamsupervision und Organisationsberatung aufgeführt. Vor dem Hintergrund integrativer Handlungsmodelle in psychosozialen Arbeitsbereichen sind die Anwendungsmöglichkeiten vielfältig.
- *Ziele:* Systemische Beratung intendiert, über das Anregen von Informationsbildungsprozessen und die Initiierung spezifischer Kommunikationssettings die selbstreferenzielle Weiterentwicklung des Klientensystems so anzuregen, dass neue Problemlösemöglichkeiten eröffnet und umgesetzt werden können.
- *Probleme:* Als »Probleme« etikettierte Erlebnislagen wohnt eine spezifische innere (systemische) Dynamik und Logik inne, die im Folgenden näher erläutert werden.

1. Problemsysteme

Vor dem Hintergrund der bisher erarbeiteten Theorie werden Probleme im Zusammenhang mit ihrer kommunikativen Dynamik und ihren innerpsychischen Wirkungszusammenhängen betrachtet. Darüber hinaus wird ihre subjektive Bedeutung betont. Dies steht im Gegensatz zu klassischen psychologischen, psychotherapeutischen oder medizinischen Auffassungen, wonach bestimmte Symptome als Ausdruck von Krankheiten gesehen werden, die von einem »objektiven« Fachmann als Beobachter dem Klientensystem als Eigenschaften zugeschrieben werden können. Da wir aber innerhalb eines systemischen Konzepts von der selbstreferenziellen Geschlossenheit eines jeden sinnverarbeitenden Systems ausgehen, muss eine Pathologisierung – sofern sie vorgenommen wird – immer im Zusammenhang mit zwei entscheidenden Gesichtspunkten gesehen werden:

- Alles Gesagte und Beobachtete wird von einem sprechenden und beobachtenden selbstreferenziellen System gesagt. Wird jemand als »krank« bezeichnet, so hat dies mindestens ebenso viel zu tun mit dem System, welches diese Aussage vornimmt (dessen Sichtweise und Bewertungsmaßstäbe), wie mit dem gemeinten System an sich.
- Ein sinnverarbeitendes (psychisches oder soziales) System prozessiert entlang seiner eigenen Struktur. Eine Weiterentwicklung im Sinne von Ausdifferenzierung und Anschlussbildung verändert die interne Struktur dahingehend, dass neue Inputs auf ein verändertes inneres Feld treffen, was wiederum zur Folge hat, dass sich der Möglichkeitsbereich des Denkens, Fühlens, Wahrnehmens, Verhaltens, Kommunizierens etc. erweitert. Aus dieser Perspektive heraus kann es keine Pathologie geben, denn aus der Sicht des betroffenen Systems handelt es sich um eine adäquate Anschlussbildung an gegebene (intern repräsentierte) Wirklichkeit(skonstruktion).

Ein Problem muss vor dem Hintergrund des sozialen Kontextes und in Verbindung mit dem/den beteiligten psychischen System/en betrachtet werden. Die Folge ist, dass Probleme nicht mehr strikt zugeordnet werden können und als personale Eigenschaften oder Charakterzüge zu betrachten sind. Dies wiederum hat radikal verändernde Auswirkungen auf die traditionellen Anamnese- und Untersuchungsmethoden in Medizin, Psychologie und Sozialwissenschaft, da hier bislang vorwiegend auf der Grundlage von objektiv zu verstehenden Problemdefinitionen und -zuschreibungen gehandelt, beraten oder therapiert wird. In Abgrenzung zur traditionellen Sichtweise von Problemen oder Krankheiten nehmen wir einen Perspektivenwechsel vor und versuchen, das Problem aus der Sicht des betroffenen Systems selbst zu ergründen. Ferner betrachten wir es im Kontext des sozialen Systems. Hierbei spielt eine wesentliche Rolle die Frage nach der Funktion des Problems im sozialen System: Was wird dadurch aufrechterhalten? Was kann dadurch erreicht werden? Es geht gewissermaßen um eine Sicht, die verborgene, nicht bewusste Nutzeffekte beleuchtet und damit ein vorgestelltes Problem in neue psychosoziale Zusammenhänge und Kontexte einbettet.

Ein Problem kann gesehen werden als eine Schwierigkeit, die Besorgnis oder Beunruhigung auslöst im Zusammenhang mit irgendetwas oder irgendjemandem, wobei zugleich die Motivation besteht, eine Veränderung zu bewirken (vgl. Goolishian/Anderson 1988, S. 189ff.). Bestimmte Situationen werden von Menschen als »beunruhigend« oder »störend« etc. bewertet, wodurch sowohl auf psychischer als auch auf sozialer

Ebene ein Problem entsteht. Man kann sich dies vorstellen als zunächst intern im psychischen System entstehend (Leidensdruck), durch das Sprechen und Kommunizieren dieses Sachverhaltes wirkt sich dies dann auch extern im Kommunikationssystem aus (oder umgekehrt). Um ein auf diese Weise entstandenes Thema bildet sich dann ein soziales System heraus. Demzufolge definiert auch Ludewig:

> »Problemsysteme sind eigenständige Sozialsysteme im Umkreis von Problemen ... Unter Problem verstehe ich jedes Thema einer Kommunikation, die etwas als unerwünscht (schwierig, hinderlich, falsch, störend, unpassend usw.) und veränderbar wertet – das heißt, für veränderungsbedürftig und -fähig hält.« (Ludewig 1992, S. 116)

Problemsysteme entstehen nur im Zusammenhang mit Kommunikation. Die interne Wirklichkeitskonstruktion der Psyche ist, isoliert betrachtet, noch kein Problemsystem. Erst durch Interaktion und sprachlichen Austausch wird ein Problemthema behandelt und beispielsweise im Beratungssetting ausdifferenziert. Es ist sinnvoll, im Zusammenhang mit der Beratungssituation auch davon auszugehen, dass Probleme Systeme (das Beratungssystem) erzeugen, während die »klassische« systemische Sichtweise eher den umgekehrten Zusammenhang betont: Soziale Systeme erzeugen Probleme. Auch hier sind wir wieder mit einem Rückkoppelungskreislauf konfrontiert, der keine klare Bestimmung im Sinne linearer Kausalität möglich macht. Das in der Beratungssituation wirksame Bindeglied ist zirkuläre Kausalität: *Problem und Beratungsgespräch sind rekursiv miteinander verknüpft.* Logisch weitergedacht bedeutet dies, dass es ohne die Konstruktion von Problemen keine Konstruktion eines Beratungssettings gibt. Ebenso gibt es ohne ein Beratungssystem (ohne das Sprechen und Bearbeiten von Problemen) keine Probleme. Hier wird die Gefahr deutlich, als Berater mit gutem Willen zur Bildung und Aufrechterhaltung eines sozialen Systems (z.B. Beratung) beizutragen, welches Probleme durch Kommunikation aufrechterhält oder gar erschafft, anstatt sie zu lösen. Ebenso wie es richtig ist, dass Probleme durch Kommunikation und Bearbeitung gelöst werden können, ist es auch richtig, dass Probleme erst dadurch entstehen und/oder aufrechterhalten werden können. Dies scheint dann der Fall zu sein, wenn die Beratung, über einen zu langen Zeitraum bestehend, integraler Bestandteil der sozialen Bezüge des Klienten wird.

Berater und Ratsuchender/Ratsuchende konstituieren gemeinsam ein Beratungssystem, innerhalb dessen sie entlang eines bestimmten Problemthemas kommunikativ prozessieren. Hierbei findet ein Austausch statt hinsichtlich der bei jedem einzelnen bestehenden Wirklichkeitskonstruktionen bezüglich des Problems. Hierbei kann sich das Problem wandeln, da Kommunikation immer an vorher Gesagtes oder Thematisiertes anschließt. Es findet eine Anschlussbildung und Ausdifferenzierung statt, das Thema erhält neue Bezüge, neue Kontexte, neue Zusammenhänge. Alternative Sichtweisen und Interdependenzen können angesprochen und damit bewusst werden.

> »Probleme können (metaphorisch gesprochen) als ›Bedeutungsklumpen‹ in einem Teig gesehen werden, dessen Konsistenz sich durch das Gespräch ständig verändert. Wir leben miteinander in einer Welt der Darstellung im Gespräch, und wir begreifen uns und andere durch Geschichten und Selbstbeschreibung, die sich verändern ... Das Ziel der Therapie ist einfach die Fortsetzung des therapeutischen Gesprächs und Dialogs, sodass die gemeinsam geschaffene Darstellung, die als Problem aufgefasst wurde, nicht mehr besteht. Im Rahmen dieser Möglichkeiten mag das Gespräch und der Dialog Fortsetzung finden oder auch nicht. In jedem Fall wird sich das Gespräch in neue Richtungen bewegen, mit neuen Beschreibungen, neuen Erzählern und mit neuen Erzählungen.« (Goolishian/Anderson 1988, S. 200f.)

Im Kontext der Beratung sind Problemsysteme als innerpsychisch und kommunikativ wirksame Anlässe bzw. Inhalte des Beratungssettings zu verstehen. Sie entstehen meist nach einem bestimmten Muster:

> »A, der für B emotional wichtig ist, äußert etwas zu B, das dieser – zu Recht oder Unrecht – als Abwertung und Appell im Sinne des Imperativs ›Ändere dich!‹ versteht. Das löst bei B eine negative emotionale Reaktion aus (Unwohlsein, Spannung, Traurigkeit, Ärger): Er fühlt sich abgelehnt oder diffamiert, weil er die Äußerung A's als kränkend, beleidigend oder enttäuschend deutet. Aufgrund seiner Gefühle reagiert B in einer Weise, die A seinerseits negativ bewertet: B fordert von A, seine Forderung zurückzunehmen. Gelingt es den beiden nicht, die Lage – etwa durch Metakommunikation – zu entspannen, kann sich die Problemkommunikation konsolidieren, das Problem eskalieren.« (Ludewig 1992, S. 117)

Ferner wird festgestellt, dass Problemsystemen, die klinisch relevant werden, eine gewisse emotionale Logik innewohnt:

> »Nicht bloße Äußerungen bringen Problemsysteme hervor, sondern die Art, wie sie aufgefasst und erwidert werden. Die Besonderheit dieser Systeme liegt also in der emotionalen ›Verstörung‹. Die Beteiligten handeln ›defensiv‹ oder ›aggressiv‹, wollen einander veranlassen, die als unberechtigt und kränkend empfundene Äußerung zurückzunehmen. Das engt den Spielraum ihrer Kommunikation immer mehr ein. Da sie schmerzt, wird zwar meist ihr Ende herbeigesehnt, aber dem steht die problemeigene Logik im Wege: Beide Partner erwarten, dass der andere einlenkt; sie gehen implizit von der Annahme aus, es sei möglich, den anderen zu ›instruieren‹«. (Ebd., S. 117)

Eine gefühlsmäßige Verstörung, eine dazu passende Wirklichkeitskonstruktion im psychischen System und eine entsprechende Interpunktion des Kommunikationsablaufs (jeder deutet die Ereignisfolgen im Interaktionsverlauf so, dass er sich als Reagierender und Opfer erlebt und von daher fordert, der andere müsse sich anders verhalten; vgl. das 3. Axiom der Kommunikationstheorie nach Watzlawick/Beavin/Jackson 1969) bilden den Kern eines Problemsystems. In Bezug auf die Anschlussfähigkeit und Ausdifferenzierung intern (psychisches System) und extern (Kommunikationssystem) besteht nun die Tendenz, den Bereich möglichen Anschließens einzugrenzen. Man versteift sich gewissermaßen auf die Störung, und indem man darüber spricht und dies weiter problematisiert, breitet sich der Themenkomplex, um die ursprüngliche Verstörung kreisend, weiter aus. Dies führt zur Verfestigung des problematischen Zustands:

> »Veränderung oder Auflösung des Problemsystems werden an eine unerreichbare ›instruktive Interaktion‹ geknüpft; diese äußert sich in der Forderung: ›Erst du, dann ich‹ (erst wenn du deine Bewertung zurücknimmst, lenke ich ein). Daher neigen solche Systeme zu ihrer besonderen Stabilität: Die Kommunikation wird immer ritueller und ›trivialer‹ (monotoner, vorhersagbarer), und das ›mehr desselben‹ spitzt die Lage unerträglich zu. Keiner der Beteiligten kann den ersten Schritt zur Annäherung machen … Die emotionale Logik von Lebensproblemen festigt Erwartungen, mit denen das selbst gesteckte Ziel – Auflösung des Problemsystems – nicht erreicht werden kann. So wird die kommunikationsfördernde Wirkung der doppelten Kontingenz praktisch ausgeschlossen, weil ständig Wiederholungen das kreative Potenzial von Zufällen blockieren.« (Ebd., S. 118)

Das Beratungssystem muss so gestaltet sein, dass durch Interaktion veränderte Wirklichkeitskonstruktionen, intrapsychische Prozesse und Kommunikationsmuster (vgl. Drei-Komponenten-Modell) erreicht werden können mit dem Ziel, dass das vormals bestehende Problem in dieser Form nicht mehr existiert.

Dies wirft die Frage nach Interventionsmöglichkeiten im Rahmen des Beratungssystems auf, welche im Folgenden behandelt wird.

2. Zum systemtheoretischen Verständnis von Intervention

Betrachtet man Information als systemeigene Leistung (vgl. Kap. I, 13), so folgt daraus, dass jegliche Außenreize, welche an eine Einheit herangetragen werden, in die systemspezifischen Verarbeitungsmechnismen passen müssen, um eine Veränderung bewirken zu können. Dies entspricht Beobachtungen aus der Praxis, wonach das im Rahmen von Beratung bereitgestellte Wissen oft für das Klientensystem nicht anschlussfähig ist, sodass es nicht Gewinn bringend auf die eigene Situation bezogen verwendet werden kann. Hier hilft kompetentes Sachwissen, welches ins System »importiert« werden soll, häufig ebenso wenig wie aufwendig durchgeführte Diagnostik, um eine möglichst genaue Zustandsbeschreibung des Systems zu erhalten (vgl. Wimmer 1992, S. 99f.).

Aus systemtheoretischer Perspektive ist dieser Sachverhalt zu erklären durch die Organisation psychischer und sozialer Systeme, welche, operational geschlossen, einen bestimmten Sinn bearbeiten, Wirklichkeiten erzeugen und nicht adäquat Anschlussfähiges nicht berücksichtigen (können). »Ein System sieht, was es sieht, und es sieht in der Regel nicht, dass es nicht sieht, was es nicht sieht.« (Ebd., S. 99) Daraus ergibt sich, dass eine willkürliche und direkte Einflussnahme auf psychische und soziale Systeme ausgeschlossen ist, denn selbstreferenzielle Einheiten weisen einen Operationsmodus auf, der sie einer zugriffssicheren Außensteuerung entzieht. Jede Intervention, die man von außen bewirken will, setzt voraus, dass das System auch den Anstoß als *relevante* Information, also als Differenzerfahrung, wahrnehmen und gemäß der eigenen Struktur daran anschließen kann (vgl. Luhmann 1994, S. 69).

In Bezug auf die Informationsgewinnung eines Systems kann man somit aus einer Außenperspektive heraus eine Unterscheidung vornehmen in *systemrelevante* Informationsgebungen und *systemirrelevante* Informationsgebungen. Ziel des Beraters muss es sein, den Kontakt so zu gestalten, dass das Adressatensystem aufgrund systemrelevanter Kontakte zur Umwelt (zum Berater) neue Informationen ausbildet. Gelingt dies nicht, wird das Klientensystem seine bisherige Struktur beibehalten und *redundante* Informationen produzieren, welche die bisherige Struktur aufrechterhalten. Redundante Informationen schreibt sich das System selbst zu, sie beinhalten Informationen über die eigenen Systemstrukturen. Produziert ein System dagegen neue Informationen, werden der bisherige Ablauf und die bisherige Struktur in Frage gestellt, da sie eine Differenzerfahrung darstellen: Relevante Informationensgebungen wirken damit »innovativ-informativ« und können im Gegensatz zu irrelevanten Umweltkontakten (Interventionen, die keine Wirkung erzielen) *informative* Informationen bewirken (vgl. Rappe-Giesecke 1990, S. 178): Sie werden zwar vom System als von außen kommend gesehen, die Informationsbildung selbst allerdings ist eine innersystemische Leistung. Vor dem Hintergrund dieser systemtheoretischen Überlegungen erscheint eine Einflussnahme durch Beratung nur auf der Grundlage eines nicht-linearen Denkansatzes möglich, der die Komplexität des Adressatensystems berücksichtigt (vgl. Minuchin et. al. 1981, S. 112).

> »In einem ganz strengen Sinne ist es unmöglich, intentional in ein operativ geschlossenes System einzugreifen. Denn dieses spielt nur seine eigene Melodie und kann nur seine eigene Musik hören … Die Ausgangslage für Interventionen in komplexe, selbstreferenzielle Systeme ist dadurch gekennzeichnet, dass sich 2 verschiedene, nichttriviale, autopoietische Systeme gegenüberstehen. Ganz im Gegensatz zu herkömmlichen Vorstellungen von Intervention bedeutet dies, dass jede externe Intervention darauf angewiesen ist, sich als Ereignis im Bereich der möglichen Perzeptionen des intervenierten Systems darzustellen und als Information in die operativen Kreisläufe dieses Systems eingeschleust zu werden. Wie diese Information sich auswirkt, hängt demnach in erster Linie nicht von den Absichten der Intervention, sondern von der Operationsweise und den Regeln der Selbststeuerung des Systems ab, in das interveniert werden soll … Therapie ist –

> legt man die Theorie selbstreferenzieller Systeme zugrunde – nur als Eigenleistung des therapierten Systems möglich. Sie ist andererseits ohne Therapeuten ebenso unmöglich. Der Anstoß therapeutischer Veränderung muss deshalb gesucht werden in der Erfahrung von Differenzen und differenzierenden Optionen der Selbstbeschreibung, die sich aus dem Wechselspiel zwischen erfahrenen Zumutungen aus dem Therapeutenhandeln und eigenen Erwartungen des zu therapierenden Systems ergeben. Am ehesten kann man noch sagen, dass therapeutische Intervention im Kontext therapeutischer Kommunikation diejenigen Irritationen erzeugt, die das zu therapierende System in Distanz zu seiner eigenen Selbstbeschreibung zwingt.« (Willke 1988, S. 49)

Unter dem systemischen Paradigma findet damit ein Fokuswechsel statt: An die Stelle des möglichst genauen Analysierens eines Klientensystems tritt die *Gestaltung und Beobachtung des Beratungssystems*, welches sich als eigenständiges Kommunikationssystem im Zusammenhang mit einer Beratungsmaßnahme zwischen Berater und Adressatensystem konstituiert. Kommunikation ist gewissermaßen das Stilmittel der Beratung, und zwischen speziell als solchen deklarierten »Interventionen« und Kontakten zwischen Berater und Klienten ohne Interventionscharakter kann nicht mehr unterschieden werden, »es sei denn, man will damit den Unterschied zwischen Maßnahmen, bei denen man sich etwas gedacht hat, und solchen, wo das nicht der Fall war, besonders betonen« (Wimmer 1992, S. 83).

Unter Interventionen können alle Kommunikationen verstanden werden, die im Kontext des Beratungssystems stattfinden. Intervenieren bedeutet, »das Kommunikationsgeschehen zwischen Berater- und Klientensystem so zu gestalten, dass dadurch die Weiterentwicklung der Problembearbeitungskapazität des Klientensystems angestoßen und befördert wird« (ebd., S. 83). Dabei kommt es darauf an, dass das betroffene System dazu angeregt werden kann, eine Differenzerfahrung zu machen, was einer Informationsneubildung entspricht: »Gelernt wird, wenn Unterschiede wahrgenommen werden.« (Siebert 1997, S. 292) Damit soll am Rande angedeutet werden, dass systemtheoretisches Denken nicht nur mit psychologischem oder psychotherapeutischem Denken, sondern auch mit pädagogischem Denken kompatibel ist.[1] Gelernt werden kann nur, was innerhalb des operational geschlossenen Adressatensystems relevant, neu und anschlussfähig ist. Als Veränderungs- und damit Lernvoraussetzung, die es zu schaffen gilt, muss eine Informationsstreuung angesehen werden, welche innerhalb einer Interaktionssituation vom Berater (oder von einem Weiterbildner) gesteuert werden kann (vgl. Prokop 1985, S. 74).

Kommunikation ist als Letztelement sozialer Systeme auch als elementar innerhalb des Beratungssystems anzusehen. Damit besteht neben dem Problem der Einflussnahmemöglichkeiten, mit welchem sich der Berater auseinander zu setzen hat, auch ein Komplexitätsproblem: Der professionell Tätige und der/die Betroffene(n)

1 Vgl. hierzu Siebert 1997, S. 285ff. Was hier in Bezug auf die Beratung formuliert wird, ist ebenso für Weiterbildungssettings relevant.

sind in einem Kommunikationssystem miteinander verbunden, in welchem unfassbar hohe Komplexität zunächst reduziert werden muss, um die kontingente Ausgangssituation (vgl. Kap. I, 11) in Stabilität und in eine anschlussfähige Struktur zu verwandeln. Gleichzeitig vollzieht sich ein solcher Prozess auch intern in den beteiligten psychischen Systemen: Über Wahrnehmen, Denken und Fühlen prozessiert hier ein dem Kommunikationsverlauf paralleler Wandel entlang bestimmter selektierter Sinnzusammenhänge (das zu behandelnde Problem wird ausdifferenziert und beschrieben, bestimmte Sequenzen werden als wichtig gekennzeichnet und als dazugehörend gesehen, während andere Ereignisse bedeutungslos bleiben).

Mit der Betonung des »Kommunikationssystems Beratung« geht die Berücksichtigung der Konstruktionen bestimmter Wirklichkeiten unmittelbar einher sowie die Fähigkeit, Kommunikationsprozesse zu reflektieren: Wir hatten bereits festgestellt, dass Sozialsysteme als Einheiten aufgefasst werden können, innerhalb derer bestimmte Wirklichkeitssichten geteilt werden. Da diese Konstruktionen als konstitutiv für bestimmte Strukturen auf verschiedenen Ebenen gesehen werden (Kommunikationsabläufe, Gefühle der Beteiligten, Denkmuster etc.), kommt dem systemischen Berater die Aufgabe zu, im Kontext des Beratungssystems auch Wirklichkeitskonstruktionen zu ergründen, zu hinterfragen und zu modifizieren. Wird einem Berater, der sich an einem *linearen* Wirklichkeitsmodell orientiert, eine bestimmte Problemsicht mitgeteilt, so wird er über Diagnose versuchen zu ergründen, inwieweit diese Sicht »stimmt«. Auf der Basis dieses »objektiven« Vorgehens wird dann ein Strategieplan entwickelt, welcher objektive Veränderungen bewirken soll. *Systemische Beratung setzt dagegen bei der Besonderheit des Prozesses an, innerhalb dessen Wissen und Realitätseinschätzungen produziert werden:* Eine Problemsicht wird dahingehend hinterfragt, wie der Klient überhaupt zu dieser Ansicht kommt. Man kann also beobachten, wie der Klient beobachtet, Unterscheidungen trifft und damit zu seinen spezifischen Informationen gelangt, die auf sein Handeln im sozialen Kontext Einfluss ausüben. Dieses Vorgehen entspricht der Erkenntnisform der Kybernetik zweiter Ordnung (vgl. Wimmer 1992, S. 74). Der Berater stellt Fragen, die es ihm und dem Klienten ermöglichen, sich beim Beobachten zu beobachten. Damit wird eine alternative Selbstbeschreibung möglich, welche die bisherige Selbstsicht zu erweitern vermag. Systemisch orientierte Beratung hat damit einen konstruktivistisch-experimentellen Charakter:

> »Es geht darum, in einem ko-kreativen Kommunikations-Prozess einengende Wirklichkeits- und Erklärungsgewohnheiten des Klientsystems zu stören und auf die Erfindung anderer möglicher Wirklichkeiten mit mehr Freiheitsgraden anregend einzuwirken.« (Schmid 1987, S. 23)

Zweitens geht es darum, Kommunikation – sowohl innerhalb des Klientensystems als auch innerhalb des Beratungssystems – zu analysieren und so einer Reflexion zugänglich zu machen. Und schließlich werden drittens die intrapsychischen Prozesse der Beteiligten berücksichtigt (vgl. »Das Drei-Komponenten-Modell«; Kap. III, 2). Im

Rahmen dieses Beratungsansatzes kommt dem Berater eine spezifische Rolle zu, er verfolgt bestimmte Ziele und handlungsleitende Prinzipien.

3. Die Rolle des systemischen Beraters

3.1 Prozessberatung

Prozessberatung in ihrem Abzielen auf prozessorientiertes Lernen (vgl. Prokop/Geißler 1974, S. 38) stellt gewissermaßen die Antwort auf das Problem dar, dass eine direkte Einflussnahme in operational geschlossene Systeme auf einer objektiven Anamnesegrundlage nicht möglich ist. Der Berater orientiert sich an Problemen innerhalb des Adressatensystems, wobei er als Entwicklungshelfer die Lösungsfindung innerhalb des Systems anregt. Das Klientensystem besitzt und behält das Problem über den gesamten Beratungsprozess. »Bei der *Prozessberatung* … konzentriert man sich fast ausschließlich auf die Diagnose und Steuerung der persönlichen, zwischenmenschlichen und Gruppenprozesse.« (French/Bell 1994, S. 171) Die Beratungssituation wird als Prozess verstanden, innerhalb dessen weder Ratschläge noch Vorschläge gemacht werden, sondern Selbstveränderung des Einzelnen, der Gruppe oder Organisation in Gang gesetzt und aufrechterhalten werden soll, die von den Betroffenen verantwortlich getragen wird.

> *So tritt beispielsweise der systemisch arbeitende Organisationsberater als »Innovationsagent« und »Veränderungsstratege« auf, dessen Wirkung »als eine ›Erziehungsfunktion‹ zu verstehen (ist), indem ›Hilfe zur Selbsthilfe‹ angeboten wird … Seine Aufgabe ist dadurch gekennzeichnet, dass er – in enger Zusammenarbeit mit dem Auftraggeber – pädagogische Situationen arrangiert, in denen die an den Problemen einer Organisation Beteiligten zu bestimmten Erkenntnissen und Entschlüssen kommen, die Neuentwicklung möglich machen.« (Becker 1980, S. 880).*

3.2 Animation

Dies entspricht der Haltung eines Beraters, der sich als »Animateur« versteht: Animation wird als stimulierender Prozess beschrieben, durch den Einzelne und Gruppen im Bewusstwerden ihrer momentanen Situation und in der aktiven Lebensgestaltung gefördert werden. Dabei greift der Animateur nicht »direktiv« ein, vielmehr regt er an und aktiviert (vgl. Blaschek 1977, S. 211) – aus systemtheoretischer Perspektive wäre zu ergänzen – das Adressatensystem, aufgrund neuer Umwelterfahrungen, die systemintern strukturdeterminiert verarbeitet werden, zu neuen Ausdifferenzierungen und damit struktureller Weiterentwicklung zu gelangen.

Dem Berater kommt die Aufgabe zu, kompetent Verfahren einzusetzen, um die richtigen Fragen zu stellen, latente Strukturen aufzugreifen, unterschiedliche Sichtweisen zu erfassen und eine gemeinsame (Problem- und Lösungs-)Deutung zu etablieren (vgl. König 1992, S. 26). Dabei muss er berücksichtigen, dass die Problemformulierung des Klientensystems häufig nicht zu einer angemessenen Lösung führen kann, da bestimmte Sichtweisen immer nur bestimmte Horizonte implizieren sowie mit spezifischen Kommunikationsmustern interdependieren, welche das Problem bislang hervorgebracht haben und aufrechterhalten (vgl. »1. Problemsysteme«, S. 83). Von daher besteht die Anforderung darin, die Bedürftigkeit der Betroffenen zu akzeptieren, jedoch nicht ihre Problemdefinition zu übernehmen (vgl. Fürstenau 1992, S. 51). *Der systemische Berater spielt somit gegen das Spiel, welches innerhalb eines Systems gespielt wird, aber nicht gegen dessen Opfer* (vgl. Palazzoli et. al. 1977, S. 130).

3.3 Nähe und Distanz

Um nicht gegen die Opfer des Systems zu spielen oder in ihnen den Eindruck zu erwecken, dies sei der Fall, ist es wichtig, als Berater einen »Zugang« zu den Klienten zu finden. Durch Gesprächsexploration und das gemeinsame Abstimmen im Kommunikationsprozess wird es für ihn möglich, einen »Einblick« (gemäß seiner eigenen Struktur und Wirklichkeitskonstruktion) in das Sozialsystem der Betroffenen (in deren Mitgliedschaft an für sie Leid erzeugenden Kommunikationsmustern und deren interne Wirklichkeitskonstruktionenen und intrapsychische Prozesse) zu erlangen. Diese Komponente des Kontaktes erfordert eine offene und gewährende Grundhaltung vom Berater, die innerhalb des nicht-direktiven Beratungskonzepts von Rogers beschrieben wurde (vgl. Rogers 1973).

Um jedoch auf der anderen Seite gegen das spezifische, Probleme aufrechterhaltende Spiel innerhalb des Sozialsystems spielen zu können, ist es notwendig, genügend Distanz zu wahren, um Strukturen und Prozesse aus einer Außenperspektive betrachten zu können und nicht den Fehler zu machen, den Angeboten von Seiten der Betroffenen zu erliegen, deren Sichtweisen und Spiele zu übernehmen. Vielmehr müssen diese durch »Verstörungen« (Ludewig 1983) irritiert werden, um eine Destabilisierung des bisherigen Systems zu erreichen, was eine »Neueinstellung« mit neuen Anschlussbildungen ermöglicht. Der Vorteil einer Definition von Beratung als »Verstörung« liegt in der adäquaten Antwort auf die systemtheoretische Vorstellung, dass der Berater auf direktem Wege keine Veränderungen der Betroffenen erreichen kann. Eine Störung des Bisherigen aber forciert die Tendenz, offen und kreativ für die Wahrnehmung und Erschaffung neuer Informationen und Wirklichkeiten zu werden. Dabei bezieht sich das Verstörungskonzept nicht nur auf das Kommunikationssystem, welches einer Veränderung zugeführt werden soll, sondern auch auf eine Veränderung der Wirklichkeitskonstruktionen innerhalb der psychischen Systeme.

Damit pendelt die Beraterrolle zwischen (emotionaler, engagierter) Nähe und (verstörender) Distanz. Der Berater braucht die Fähigkeit, sich sowohl in das betreffende

System hineinzubegeben – teilweise auch bewusst und reflektierend an eingespielten Kommunikationsabläufen teilnehmend –, als auch die eingeschliffenen Muster zu durchbrechen oder ihnen alternative Strukturen (spezifisch strukturierte Kommunikationssettings) entgegenzusetzen, die ihrerseits eine Veränderung des Verhaltens ermöglichen. Dies erfordert systemtheoretische sowie kommunikative Kompetenz (vgl. hierzu auch Lutz 1991, S. 108; Heitger 1991, S. 119f.).

> »Engagement entspricht der Tatsache, dass ich, auch und gerade wenn ich unter systemischen bzw. Selbsterfahrungsgesichtspunkten steuern möchte, Teil des Systems bin, das ich steuere. Distanzierung entspricht der Tatsache, dass ich in der Lage sein muss, auch und gerade als Teil des Systems in der Lage sein muss, zurückzutreten und das System mit mir als Teil zu beobachten, seine relevanten Sachverhalte zu diagnos- tizieren. Ich komme also in meiner Steuerungsfunktion doppelt vor, einmal als Teil und einmal als Beobachter des Systems, und beides zusammen ermöglicht mir, in Selbsterfahrung zu steuern.« (Buchinger 1992, S. 159f.)

3.4 Zusammenfassung

Der Berater kann in seiner Funktion als so etwas wie die momentane Erweiterung des selbstreferenziellen Klientensystems (es wird ein Beratungssystem konstituiert) gesehen werden, sodass durch ein geeignetes Gestalten der Interaktion die intrasystemisch-redundanten Schleifen durchbrochen und verändert werden können (vgl. Simon 1988b, S. 121).

> *Unter einem systemorientierten Berater ist ein animierender Berater zu verstehen, der im Kommunikationskontext des Beratungssystems das Klientensystem in seiner bewussten Selbstklärung, Problemdefinition, Zielfindung und Zielerreichung unterstützt. Dabei wird die Interaktion auf eine Erhöhung der Wahrscheinlichkeit ausgerichtet, dass das Klientensystem aufgrund der Verarbeitung relevanter Informationen zu einer Neugestaltung selbstreferenzieller Prozesse auf verschiedenen Ebenen (Kommunikation, Wirklichkeitskonstruktionen, intrapsychische Prozesse) findet.*

4. Ziele des systemischen Beraters

4.1 Informationsneubildung

Psychische und soziale Systeme »beschreiben sich selbst«. Sie konstruieren eine Identität, einen Ist-Zustand, der mit einer gewissen Informationsbildung über sich selbst korreliert. Diese gilt es durch den Beratungskontakt zu erweitern bzw. zu verändern. Auf der sozialen Ebene interdependieren die Selbstbeschreibungen mit den Gruppenstrukturen und -merkmalen, die sich ausbilden und zu Problemen führen können. Auf der personalen/psychischen Ebene korrelieren sie mit einem spezifischen Selbstkonzept, mit Denk- und Gefühlsmustern sowie mit subjektiven Wirklichkeitskonstruktionen und Erklärungsmustern.

Sowohl in der Einzelberatung als auch in der Familien-, Gruppen- oder Organisationsberatung können beide Ebenen berücksichtigt und bearbeitet werden. Für die psychische Ebene stehen ebenso (idealtypisch getrennte) Interventionsverfahren bereit wie für die kommunikative Ebene (vgl. im folgenden Kapitel »1.1 Verfahrensebenen«). Es geht um das Bilden neuer Informationen, die dann verändernde selbstreferenzielle Prozesse in Gang setzen können. So kann z.B. durch die Klärung von Problemsichten ermöglicht werden, dass neue Sicht- und Erlebnisweisen implementiert werden, die auf verschiedenen Ebenen zu neuen Anschlussbildungen führen und einer neu definierten Zielerreichung dienlich sind. Für den Bereich der Interaktion wird man insbesondere auf die Thematisierung abzielen von systembezogenen

- Erwartungen (Was erwarten die Einzelnen bezüglich der Rollenverteilung, Zielerreichung etc.?),
- Steuerungsmechanismen (Wie werden Prozesse reguliert und kontrolliert?),
- Art und Weise der Informationsverarbeitung (Wie wird was für wichtig bzw. unwichtig gekennzeichnet?),
- kontingente (latente) Strukturen (Wie können nicht genutzte Potenziale genutzt, latente Konflikte gelöst werden?).

4.2 Veränderungsprozess

Auf der Basis einer gemeinsam mit allen Beteiligten erarbeiteten Selbst- und Problembeschreibung ist es das Ziel des Beratungsprozesses, bewusste und konsensuell geteilte Zielformulierungen im System zu etablieren, sodass diese in den selbstreferenziellen Prozess der Gruppe integriert werden. Prozessberatung begleitet diesen Weg und erleichtert ihn auch durch eine metakommunikative Orientierung. Gleiches gilt für die Einzelberatung: Problem- und Zielbeschreibung, Neuorientierung des Systems und reflexive Begleitung eines Veränderungsprozesses markieren wichtige Bestandteile des Beratungssystems. Veränderungsfördernde bzw. -hemmende Strukturen und Abläufe im Adressatensystem werden thematisiert.

4.3 Kompetenzerweiterung

Durch zeitlich begrenzte Beratung, die Problembearbeitungsmöglichkeiten des Systems erweitert und dysfunktionale Routinen verstört, kann auch eine dauerhafte Implementierung neuer Selbststeuerungskompetenz in das Klientensystem erreicht werden. Dies gilt wiederum sowohl in Bezug auf das Gesamtgefüge (Kooperation,

Kommunikation) als auch in Bezug auf individuell erweiterte Handlungs- und Beobachtungskompetenzen. Die Fähigkeit zur Selbstthematisierung und Reflexion des jeweiligen Sozialsystems und des Einzelnen korrelieren, sind jedoch nicht durch einen Automatismus verbunden:

> »Der Einzelne kann sich seine Gedanken machen, kann ein bestimmtes Bewusstsein für seine Situation in der Gruppe entwickeln, ohne dass dies in der Gruppe, weil es dort nicht angesprochen wird oder auf keine Resonanz stößt, irgendwelche steuernden Spuren hinterlässt. Ebenso nützt der schönste Plan zum Reflektieren der Gruppensituation nichts, wenn er nur von wenigen Mitgliedern umgesetzt werden kann.« (Schattenhofer 1992, S. 62)

Abgezielt wird auf eine Offenheit, Neues antizipieren und adaptieren zu können, sobald dies für Einzelne oder die Gesamtgruppe Vorteile verspricht. Dieses Offensein kann als Voraussetzung für Veränderungsfähigkeit gesehen werden. Systeme sind zwar operational geschlossene Einheiten, sie weisen aber einen *spezifisch gestalteten Umweltkontakt* auf, der zur Wahrnehmung relevanter Informationsgebungen befähigt und einen internen Prozess der Bildung neuer Informationen in Gang setzen kann. Diese Umweltoffenheit kann sich im Zuge eines Beratungs- bzw. Lernprozesses verändern, wodurch ein größeres oder anderes Weiterentwicklungspotenzial für die Zukunft besteht.

5. Handlungsleitende Prinzipien des systemischen Beraters

Um seine Ziele zu erreichen, orientiert sich der systemische Berater an bestimmten Prinzipien, die sein Verhalten lenken. Diese werden im Folgenden dargestellt (vgl. Engelhardt et. al 1996, S. 122ff.; Palazzoli et. al. 1981; Schmid 1987; Simon/Weber 1987):

5.1 Neutralität

Im Rahmen der systemischen Beratung ist der professionell Tätige nicht nur einer Person, sondern allen Beteiligten gegenüber verpflichtet. Auch in der Einzelberatung geht es um eine nicht wertende oder Einzelaspekte bevorzugende Haltung. Folglich muss der Berater in seiner Tätigkeit eine nicht-parteiliche Position gegenüber den verschiedenen Personen, Sichtweisen, Gefühlen, Denkweisen etc. einnehmen. Hierfür ist eine vom »Mailänder Team« für die Familientherapie formulierte neutrale Grundhaltung notwendig:

> »Unter Neutralität des Therapeuten verstehen wir eine spezifische pragmatische Wirkung, die seine Gesamthaltung während der Sitzung auf die Familie ausübt ... Der springende Punkt ist der, dass der Therapeut, *so lange* er mit einem Familien-

mitglied spricht und es auffordert, sich über das Verhältnis von zwei anderen zu äußern, *stets* mit dieser Person verbündet zu sein scheint. Sobald er sich aber einem *anderen* Familienmitglied zuwendet und dieses um seine Meinung bittet, hört das Bündnis mit dem ersten auf, und es entsteht ein neues Bündnis mit dem anderen, dann mit dem nächsten und so weiter. Das Endresultat dieser sukzessiven Bündnisse ist, dass der Therapeut gleichzeitig mit jedem und keinem verbündet ist.« (Palazzoli et. al. 1981, S. 137)

Wichtig für eine gelingende Beratung ist es, dass diese Haltung bereits anfänglich dem Auftraggeber (z.B. in der Organisationsberatung) bzw. der den Anfangskontakt herstellenden Person (z.B. in der Familientherpie) als unbedingt notwendig für einen lösungsorientierten Beratungsprozess dargelegt bzw. durch das eigene Vorgehen indirekt übermittelt wird, um einseitige Unterstützungserwartungen aufzudecken und diesen Vorschub zu leisten.

5.2 Konstruktivistische Bescheidenheit

Da der systemische Berater davon ausgeht, dass psychosoziale »Wirklichkeiten« hochkomplex sind und Wirklichkeitsrepräsentationen von Individuen oder Gruppen subjektive Ausschnitte und Eigenkonstruktionen der Beteiligten darstellen, ist er auch bescheiden, was die Gültigkeit seiner eigenen Diagnosen und Prognosen angeht. Aus diesem Grunde geht es nicht um objektiv »richtige«, sondern um »hilfreiche«, also praktisch umsetzbare Analysen und Lösungswege. Was hilfreich ist und was nicht, wird dabei vom Klientensystem in seiner Selbstsicht und Selbstwahrnehmung des Beratungsprozesses bestimmt.

5.3 Versuch und Irrtum

Ein Vorgehen in Schritten, welches immer wieder auf sich selbst Bezug nimmt, stellt die Antwort auf die konstruktivistische Unsicherheitskomponente dar. Dabei kann ein persönlicher Entwicklungsprozess oder ein Gruppenprozess, der durch einen systemischen Berater begleitet wird, durch folgende Einzelschritte gekennzeichnet sein (vgl. Engelhardt et. al. 1996, S. 123):

- Beobachten und Analysieren,
- Ziele setzen,
- Handeln,
- erneut Beobachten bzw. die Wirkungen des eigenen Handelns überprüfen,
- Ziele korrigieren,
- erneutes Handeln usw.

Das Beratungssetting ist durch ein zirkuläres Muster von aufeinander folgenden und auf neuer Ebene wiederholenden Phasen bestimmt, die hier, idealtypisch getrennt, aufgelistet sind.

> »Ein solches Vorgehen ist nicht zu verwechseln mit einem rein pragmatischen, ungeplanten ›Dahinwursteln‹, sondern stellt ein theoretisch fundiertes und methodisch kontrolliertes Verfahren dar, das sich aus der Einsicht ergibt, dass unsere Erkenntnis immer vorläufig und ungewiss bleiben muss.« (Ebd., S. 124)

5.4 Hypothetisieren

Aus der – notwendigerweise subjektiven – Beobachtung der persönlichen Entwicklung bzw. des Gruppengeschehens kann der Berater diagnostische und lösungsorientierte Hypothesen ableiten, »die … in der unendlichen Vielfalt von Handlungsmöglichkeiten Anhalts- und Orientierungspunkte für konkrete Strategien und Interventionen bieten« (ebd., S. 124). Die Interventionen (die spezifische Art der Kommunikationsgestaltung von Seiten des Beraters) werden permanent in ihrer Wirkung überprüft, was zu einer ständigen Überprüfung und damit auch Korrektur oder Modifizierung der Ausgangshypothesen führt. Damit wird ein spiralförmiger Prozess beschritten, innerhalb dessen bestimmten Hypothesen spezifische Interventionen folgen, deren Wirkung am Feedback des Klientensystems gemessen wird, wodurch neue/modifizierte Hypothesen aufgestellt werden, denen neue/modifizierte Interventionen folgen usw.

5.5 Lösungs- und Ressourcenorientierung

> »In der Beratung von Klientsystemen gehen wir grundsätzlich davon aus, dass die Probleme im gegenwärtigen Verhalten eines Systems nicht so sehr auf Defiziten beruhen, die durch langwierige Prozesse beseitigt werden müssen. Stattdessen richten wir unser Augenmerk auf nichtgenutzte Potenziale und darauf, wie durch die Wirklichkeitsgewohnheiten des Systems die schöpferische Nutzung dieser Potenziale verhindert wird. Die Spielregeln, mit denen dies geschieht, versuchen wir dann zu verändern.« (Schmid 1987, S. 27)

Der Blick wird auf vorhandene Fähigkeiten gerichtet, die Orientierung an den Stärken gewinnt mehr Gewicht als die Analyse der Schwächen eines Systems. Wenn es das Ziel ist, einer Einheit in ihrer operational geschlossenen Selbstgestaltung durch spezifisch gestalteten Umweltkontakt dadurch weiterzuhelfen, dass sie neuartige, relevante Informationen erzeugt, so stellt Anregung zur Lösungsfindung das Grundelement beraterischen Tuns dar. Insofern impliziert Animation Lösungs- und Ressourcenorientierung.

Damit ist aber nicht gesagt, dass eine vergangenheitsbezogene Analyse von Problemursachen völlig ausbleibt, wenngleich sie kritisch hinterfragt wird: Bezieht man sich zu stark auf die Vergangenheit, kann dies sogar zu einer Problemverschärfung aufgrund einer »problemorientierten Selbsthypnose« führen. Damit wird u.U. wenig Potenzial für lösungsorientierte Handlungsschritte freigemacht. Ferner ist fraglich, ob sich in der Beschreibung der Vergangenheit nicht die Gegenwart insofern spiegelt, als sich auf ein Gründe-Suchen in der Vergangenheit die momentanen Wirklichkeitskonstruktionen und Erklärungsmuster projizieren lassen.

Schließlich machte man die Erfahrung, dass sich im Rahmen eines Vorgehens in Feedbackschleifen, welches sich immer wieder selbst korrigiert und damit einen selbstreferenziellen Prozess darstellt, eine umfassende Problemanalyse nicht lohnt. Eine bewusste Prozessgestaltung durch die flexible Abfolge von Analyse, Zielformulierung, Handeln und Beobachten stellte sich als wirksamer heraus (vgl. Engelhardt et. al. 1996, S. 126).

5.6 Kontextualität des Handelns und der Bedeutungsgebungen

Der Berater wird innerhalb eines für die Beratungszwecke etablierten Beratungssystems aktiv und gestaltet somit als Subsystem dieses Kommunikationssystem mit. Da sich jedes Sozialsystem aufgrund eines Unterschieds und weiterer Unterscheidungen, die in Bezug auf die Sinnverarbeitung getroffen werden, konstituiert, muss auch das Ausgeschlossene, das nicht in das Beratungssystem mit Aufgenommene, beachtet werden. Damit werden das für die Beratung relevante Umfeld und auch die Umwelt des Adressatensystems relevant. Dies wäre im Rahmen von Familienberatung z.B. die Großfamilie, also Beziehungen zu den Eltern bzw. Großeltern, Onkel, Tanten etc., im Rahmen von Teamberatung hätte man es beispielsweise mit der Gesamtorganisation zu tun, in welche die Arbeitsgruppe eingebettet ist. Hier sind Fragen der Organisationsphilosophie, funktionale Interdependenzen, Hierarchien etc. zu berücksichtigen.

Bleiben wir beim Beispiel der Teamberatung: Der Berater wird in einem organisationalen Kontext aktiv, in welchem er nicht selbst bestimmen kann, welche Bedeutungen sein Handeln auslöst. Vielmehr ist es immer das Milieu, welches Bedeutungs- und Sinngebungen vermittelt bzw. festlegt. So wird es zu unterschiedlichen Bedeutungsgebungen kommen, die die Beteiligten in Bezug auf einen bestimmten Kommunikationsinhalt entwickeln, je nachdem, ob man sich beispielsweise im Kontakt mit Vertretern einer alternativen Projektgruppe oder mit Managern einer Großbank befindet. Betrachtet man die Tatsache, dass es verschiedene Unternehmenskulturen, -philosophien und differierende Arbeitsklimata in Teams gibt mit entprechenden Sprachregelungen, regelhaften Kommunikationsstilen etc., so wird deutlich, dass der systemisch orientierte Trainer gut beraten ist, eine Berücksichtigung des Bedeutungsgebungskontextes in seine Handlungsstrategie miteinzubeziehen.

Gleiches gilt auch für andere Beratungsanlässe. So vergleichen die systemischen Therapeuten Simon und Weber (1987, S. 355ff.) die Therapie/Beratung in diesem

Zusammenhang mit einer Schiffsreise, bei welcher sich der Berater ein Bild von dem Seegebiet (Klientensystem) machen sollte, in welchem er sich aufhält, und seine Karte mit denen der Passagiere vergleichen sollte. So kann man herausfinden, in welchen Kontexten bestimmte Worte und Taten unterschiedliche Bedeutungen gewinnen (können). Als Orientierung schlagen die Autoren vor, dass man auf die Institution schaut, in der man selbst arbeitet und den Überweisungkontext (»In welchem Reisebüro ist die Kreuzfahrt gebucht worden? Von wem?«) berücksichtigt. Ferner sollte herausgefunden werden, ob gleichzeitig Kontakte zu anderen Helfern und Institutionen bestehen (»Wie viele Kapitäne versuchen das Schiff zu steuern?«). Darüber hinaus spielen die Vorerfahrungen des Klientensystems eine wichtige Rolle (»Welcher Schiffbruch war der angenehmste?«) sowie die angestrebte und gewünschte Zeitdimension (»Wer oder was bestimmt, wann in See gestochen wird und wie lang die Reise sein soll?«). Des Weiteren ist es sinnvoll, die Bedeutung des Begriffs »Beratung« zu klären (»Galeere oder Cap Anamur?«). Schließlich führt eine Thematisierung der Beratungsziele zu einer weiteren Klärung des Kontextes (»Welcher Hafen wird angesteuert? Wer will mit wem wohin?«). Es besteht auch die Möglichkeit, über die Bedeutung persönlicher Merkmale des Beraters zu kommunizieren (»Wie wirkt der Schiffsjunge am Ruder auf mich? Was bedeutet das für mich, für das Beratungssetting?«).

Durch derartige Klärungen kann das Umfeld für den Berater erschlossen und somit in seiner Macht und Bedeutung für den Arbeitsprozess berücksichtigt werden. Trotz oder gerade wegen des handlungsleitenden Prinzips der konstruktivistischen Bescheidenheit wird ein größeres Maß an Berechenbarkeit erreicht, wenn man weiß, inwiefern und wo Chancen gegeben sein können, mit seinen Bemühungen auf Widerstand zu stoßen oder zu scheitern (vgl. ebd., S. 355f.).

V. Systemische Intervention

1. Orientierungsdaten für die Verfahrensauswahl

Systemische Beratung ist vielfältig. Dies gilt sowohl in Bezug auf mögliche Adressatensysteme als auch in Bezug auf unterschiedliche Verfahren, die eingesetzt werden. In diesem Kapitel sollen einige wichtige und typische systemische Interventionsverfahren ohne den Anspruch auf Vollständigkeit vorgestellt werden. Dies geschieht im Rahmen einer idealtypisch vorgenommenen theoretischen Trennung der Techniken auf der Basis ihrer vorwiegenden Interventionsrichtung. Zielt ein bestimmtes Verfahren eher auf die Veränderung institutioneller Gegebenheiten, kommunikativer Strukturen oder intrapsychischer Prozesse ab (1.1)? Auf welche Art und Weise kann ich als Berater die Wahrscheinlichkeit erhöhen, dass meine Interventionen zum Klientensystem »passen« (1.2)?

1.1 Verfahrensebenen

Dem Mitglied-Konzept (vgl. Kap. III, 3) entsprechend können wir drei verschiedene Verfahrensebenen unterscheiden:

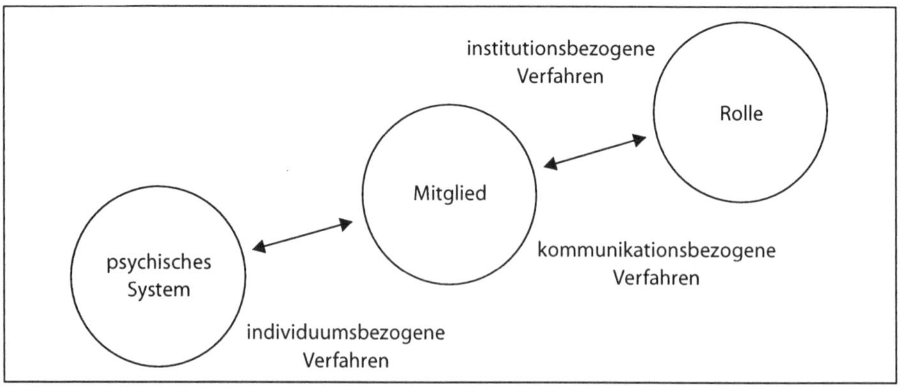

Abb. 13: Verfahrensebenen systemischer Intervention

Damit ergeben sich drei Verfahrensebenen, die den Begriffen »psychisches System«, »Mitglied« und »Rolle« entsprechen. Wir müssen uns jedoch vergegenwärtigen, dass diese Verfahrensebenen nicht bei der Arbeit mit jedem Adressatensystem zu Geltung kommen. Kommt eine Einzelperson in eine psychotherapeutische Beratung, so wird im Rahmen des Beratungssystems der Bereich des psychischen Systems des Klienten Mittelpunkt des Interesses sein. Daneben spielen natürlich auch die kommunikativen Prozesse und sozialen Strukturen, in welche der Klient eingebunden ist, eine wichtige Rolle. Jedoch können in der Einzelfallhilfe nicht Verfahren eingesetzt werden, die sich direkt auf die Kommunikation des Klienten mit wichtigen Bezugspersonen beziehen, da in diesem Beratungssetting keine anderen Personen und kein institutionelles Metasystem vorhanden sind. Gleichwohl wird dieser Kontext dem systemischen Paradigma entsprechend bearbeitet: Man findet hier Zugang über die Wirklichkeitskonstruktionen und intrapsychischen Prozesse des Einzelnen und ist so in der Lage, auch das Umfeld aus der individuellen Sicht des Betroffenen zu bearbeiten (beispielsweise auch auf kommunikativer Ebene über Rollenspiele).

Anders gestaltet sich die Situation, wenn man eine länger bestehende Gruppe (z.B. Arbeitsteam) oder Familie berät. Hier liegt eine direkte Zugangsmöglichkeit sowohl auf die intrapsychischen Prozesse der Einzelnen als auch auf die kommunikative Dynamik des Systems vor. Bei der Organisationsberatung schließlich werden diese beiden Verfahrensebenen noch durch die institutionelle Ebene ergänzt: Je nach Gestaltung der Institutionsberatung kann der Berater sowohl auf individueller Ebene (psychisches System), auf Gruppen- bzw. Kommunikationsebene (Mitglied) als auch auf der Ebene der Aufgabenstrukturen und Rollenverteilungen (Rolle) intervenieren.

Übersicht: Interventionsmöglichkeiten auf verschiedenen Verfahrensebenen in Abhängigkeit vom Adressatensystem

Verfahrensebenen / Adressatensysteme	*Individuums-bezogene Verfahren*	Kommunikations-bezogene Verfahren	Institutions-bezogene Verfahren
Einzelperson	x		
Familie, Gruppe, Team etc.	x	x	
Organisation	x	x	x

Für den Organisationsberater erschließen sich somit drei, für den Familien- oder Teamberater zwei und für den Einzelberater eine Verfahrensebene. Allerdings gilt es zu berücksichtigen, dass dem systemischen Paradigma entsprechend bei einer Veränderung einer Einzelkomponente oder Einzelrelation immer auch der relevante Kontext eine Auswirkung erfährt. In Bezug auf die Interventionsorientierung des Beraters bedeutet dies: Fokussiert er sein Verfahren auf ein einzelnes psychisches System, so setzt er gleichzeitig auf eine Veränderung der Kommunikationsstruktur (und – falls vorhanden – Organisationsstruktur), die sich aus veränderten personalen Bedingungen ergeben wird. Wird ein Verfahren auf die Mitgliedschaften im System und damit auf die Interaktionsstrukturen bezogen, so können sich daraus Veränderungen auf institutioneller Ebene sowie auf personaler Ebene ergeben. Auch institutionsbezogene Verfahren in der Organisationsberatung haben Auswirkungen auf den Umgangsstil (Kommunikation) und die Befindlichkeiten (psychisches System) des einzelnen Mitarbeiters (vgl. »Das Drei-Komponenten-Modell«; Kap III, 2). Bevor das Verfahrensrepertoir in einer konkreten Beratungssituation eingesetzt wird, kann am Anfang eine Standortbestimmung und Situationsklärung vorgenommen werden:

1.2 Problemdiagnoseverfahren

In der Beratungsarbeit mit aus mehreren Personen bestehenden Klientensystemen bietet es sich an, »Probleminventuren« (vgl. Becker/Langosch 1984, S. 246f.) bzw. »Problemdiagnosen« (vgl. Rappe-Giesecke 1990, S. 103ff.) vorzuschalten, welche der Orientierung der Beteiligten für den weiteren Verlauf der Maßnahme dienen. Dabei wird nach dem »Ist-Zustand« der Gruppe gefragt, wobei die subjektiven Einzelmeinungen Gewicht erhalten und in einem gemeinsamen Gruppenprozess zur Geltung kommen. Ziel ist die Erarbeitung einer Entscheidungsgrundlage, an welchen Themen und Problemkreisen vorrangig gearbeitet werden soll. Für den Berater bringt eine derartige Eingangsphase einen »Einblick« in die Systemstruktur und -geschichte sowie in die Relevanz verschiedener dargelegter Probleme. Dem Prinzip der Ressourcen- und Lösungsorientierung entsprechend werden allerdings nicht nur Daten zu Schwierigkeiten und Störungen gesammelt, sondern auch Informationen zu positiv erachteten Prozessen und Strukturen.
Im Folgenden wird das Problemanalyseverfahren nach Rappe-Giesecke (1990, S. 103ff.) dargestellt. Dieses gliedert sich in einzelne Elemente auf, welche auf dem zyklischen Aktionsforschungsansatz (vgl. French/Bell 1990, S. 110ff.) von Datensammeln, Datenfeedback und Untersuchung der Daten durch das Klientensystem selbst basiert.

Datensammlung
Zunächst geht es um die Ermittlung des momentanen Zustands des Systems, wobei für jeden Klienten Zeit vorgesehen ist, vorgegebene Fragen in Ruhe und unbeeinflusst von anderen allein zu beantworten. Je nach der einzuschätzenden Selbstreflexionsfähigkeit des Klientensystems kann der Fragenkatalog modifiziert oder erweitert werden:

- Was funktioniert bei uns (unserer Arbeit) gut? Was funktioniert nicht so gut?
- Wie hat alles angefangen? Erzählen Sie einmal etwas über die Geschichte des Systems (Familie, Arbeitsgruppe etc.).
- Welche Veränderungen hat es in letzter Zeit gegeben? Welche Veränderungen stehen an?
- Nutzt das System seine Ressourcen? Welche typische Rollenaufteilung (Arbeitsteilung) hat sich in der Familie/Gruppe herausgebildet?

Datenfeedback
Die Beiträge der Gruppenmitglieder werden zusammengetragen und transparent gemacht: Dies kann beispielsweise mit Hilfe einer Wandzeitung oder »Flipchart« geschehen. Dem Berater kommt die Aufgabe zu, auf die kontinuierliche Durchführung dieser Phase zu achten und Tendenzen entgegenzuwirken, Beiträge Einzelner weniger zu gewichten oder über die Richtigkeit subjektiver Einschätzungen zu diskutieren. Auch darf an dieser Stelle noch keine Problembearbeitung stattfinden.

Datenuntersuchung
Zunächst wird Raum geschaffen, sich innerhalb der Gruppe über den Eindruck der selbst produzierten Daten auszutauschen. Hier kann man anhand der Differenz *überraschend/nicht überraschend* ein Gespräch führen, bevor man dann zur Datenbewertung übergeht: Es wird herausgearbeitet, welches der genannten (sowohl als positiv wie negativ bewerteten) Themen für die Betroffenen am relevantesten ist. Durch eine festgelegte Stimmabgabenzahl (z.B. fünf Nennungen für jeden) kann eine Hierarchie entwickelt werden. Es können sich Überraschungen ergeben, wenn das Ergebnis von der zuvor vertretenen Gruppenmeinung abweicht. Ein erneutes Diskutieren und Überprüfen ist hier sinnvoll. Die Datensammlung kann u.U. abgeschrieben und als Protokoll den einzelnen Beteiligten zugänglich gemacht und in der Auswertungssitzung als Diskussionsgrundlage verwendet werden.

Datenauswertung
In der Auswertungsphase wird der Berater darauf abzielen, dass aus dem gesammelten Material und den benannten Problemen sowie Ressourcen des Systems zunächst bewusst die Frage nach der Indikation eines Beratungsprozesses thematisiert wird. Haben die Betroffenen eventuell gar die Einschätzung, dass sie die Probleme selbst lösen können, oder möchten sie bestimmte Themen im Rahmen einer systemischen Beratung bearbeiten? Wenn ja, welche Probleme sollen mit dem Berater thematisiert werden? Dadurch kann sich der Berater einen konkreten Auftrag vom Klientensystem geben lassen, was zum Vorteil hat, dass für das jetzt entstehende Beratungssystem spezifischer Sinn bereits ausdifferenziert wurde, an welchen angeschlossen werden kann. Damit wird auch einem möglichen »Widerstand«[1] gegen die Kommunikationsgestaltung des Beraters entgegengewirkt, da er von der Gruppe selbst mit einem konkreten Auftrag legitimiert ist. Hat er im Laufe des Arbeitsprozesses dennoch das Gefühl, dass (unterschwelliger) »Widerstand« ein Vorankommen hindert, so kann er die – von ihm subjektiv empfundene – Dissonanz zwischen Arbeitsauftrag und Gruppenprozess zur Reflexion stellen.

Nach der Frage der Zusammenstellung der für die Beratung relevanten Themen geht man wie bei der vorherigen Phase der Datenauswertung zu einer Bewertung über: Der Leiter muss entscheiden, ob und wie (mit Hilfe welcher Verfahren) er dem

1 Aus systemischer Sicht gibt es keinen objektiven Widerstand des Klientensystems, sondern ein im Rahmen der Beratungskommunikation erlebtes Nicht-Weiterkommen, an welchem der Berater ebenso beteiligt ist.

Beratungsauftrag entsprechen kann. Es kann sich anbieten, eine Einigung als Abschluss des Anfangsverfahrens »Problemdiagnose« zwischen Berater und Adressatensystem als Kontrakt schriftlich festzuhalten.

Diese Problemdiagnose wäre eine klassische Verfahrensweise in der Organisationsberatung. Für die Familienberatung oder -therapie gilt, dass man deutlich schneller in den Austausch kommt und weniger Zeit – wenn überhaupt – für derartig strukturiertes Vorgehen aufbringt. Dennoch können auch für therapeutische Settings Einzelelemente des Problemdiagnoseverfahrens verwendet bzw. die Gesamtstruktur als Vorgehensmodell etwa für eine erste Sitzung herangezogen werden.

2. Systemische Verfahren

2.1 Institutionsbezogene Verfahren

Verfahren, die explizit institutionelle Kontexte einbeziehen, werden in der Organisationsberatung eingesetzt. Da sich systemische Organisationsberatung immer mehr ausbreitet, sollen in diesem Zusammenhang zwei Vorgehensweisen beschrieben werden, bevor im Anschluss daran auf die kommunikationsbezogene und individuumsbezogene Ebene eingegangen wird, welche gewissermaßen das klassische Interventionsrepertoir des systemischen Beraters etwa in der Familientherapie darstellt. Für die Arbeitswelt und Organisationen aber gilt: Ein ausschließliches Sich-Beziehen auf den sich frei selbstgestalterisch vollziehenden Kommunikationsprozess würde bedeuten, dass man den organisationalen Kontext mit seinen Macht- und Einflussproblemen und den formalen Einbindungscharakter eines Einzelnen oder Teams in die Gesamtphilosophie eines Unternehmens verkennen würde.

Einer formalen Strukturbeschreibung einer Organisation entspricht die Kennzeichnung und Bestimmung bestimmter Arbeitsaufgaben, welche durch Rollenträger ausgefüllt werden. Bei der Besprechung des Mitglied-Konzepts hatten wir bereits festgestellt, dass das Mitglied als eine operative Einheit zu sehen ist, welche gewissermaßen ein Bindeglied zwischen dem psychischen System des Einzelnen und der formalen Rolle darstellt. Während sich für die interpersonale Arbeit an Kommunikationsprozessen und korrespondierenden intrapsychischen Prozessen das Drei-Komponenten-Modell anbietet, sollte – insbesondere bei auszumachenden Hierarchieebenen in Gruppen oder Organisationen – der Berater zur Bearbeitung und Klärung der formalen Vorgaben Verfahren anwenden, welche dieser Ebene adäquat entsprechen.

2.1.1 Rollenverhandeln

Es ist nicht davon auszugehen, dass man Gewinn bringend intra- und interpersonal z.B. mit Arbeitsgruppen arbeiten kann, ohne das immer vorhandene Problem von Macht, Einfluss und formaler Erwartung zur Zufriedenheit der Beteiligten geklärt und gelöst zu haben. Insofern stellt das Verfahren des Rollenverhandelns eine notwendige Ergänzung zur noch in ihren Verfahrenweisen zu beschreibenden interpersonalen Prozessberatung (kommunikationsbezogene Verfahrensebene) dar (vgl. Harrison 1977, S. 132). So kann der angestrebte Selbstthematisierungsprozess des Teams oder anderer Einheiten der Organisation von der Analyse und Klärung formal und institutionell festgelegter Rollen entlastet werden. Während also der Beziehungsaspekt (vorerst bzw. vorübergehend) eher in den Hintergrund gerät, widmet man sich einer inhaltlich-formalen Klärung.

> »Der Sinn der Rollenanalyse liegt ... darin, einen Verständigungsprozess über die Tätigkeiten jedes Einzelnen und damit über die Arbeitsteilung der Gruppe in Gang zu setzen, die Verpflichtung, bestimmte Tätigkeiten auszuüben, zu erhöhen und Unzufriedenheit im Team durch ein auf Konsens beruhendes Rollenprofil zu beseitigen.« (Rappe-Giesecke 1990, S. 150)

Die Rollenanalyse nach French/Bell (1990, S. 148ff.) wird durch vier Phasen gekennzeichnet:

Analyse der Brennpunktrolle
Zunächst wird die Rolle, ihr Platz im Organisationskontext, ihr Existenzgrund und ihre Bedeutung für die Ziele der Organisation in Zusammenschau mit den spezifischen Aufgaben der Stelle untersucht. Die Aufgaben und das adäquate Verhalten werden besprochen und für alle sichtbar aufgeschrieben. Es erfolgt so lange eine Modifikation der Beschreibung, bis das Team und der Rolleninhaber mit der Definition der Rolle zufrieden sind. Es ist auch möglich, anders zu verfahren: Jeder Einzelne kann zunächst alleine für sich schriftlich klären, welche Rollendefinition für bestimmte fokale Positionen vorzunehmen ist, bevor dann im Gruppenplenum die Einzelbeiträge gesammelt und ausgehandelt werden, wodurch eine Liste mit den Rollenaufgaben erstellt werden kann.

Erwartungen des Rolleninhabers gegenüber anderen
»Beim zweiten Schritt werden die Erwartungen des Inhabers der Fokusrolle untersucht, d.h. die Erwartungen anderen gegenüber. Der Inhaber schreibt auf, was er von den anderen Rollen erwartet, die seine eigene Leistung am meisten beeinflussen. Seine Erwartungen werden dann diskutiert, geändert, ergänzt und von der Gruppe akzeptiert.« (Ebd., S. 148f.)

Die Fragestellung zu den Erwartungen kann weiter spezifiziert werden: So lässt sich von jedem Gruppen- bzw. Organisationsmitglied für jedes andere eine Liste erstellen, welche beinhaltet, was der andere mehr oder besser, weniger oder nicht mehr tun sollte sowie was unverändert bleiben soll. Auch bei dieser Verfahrensweise ist es wichtig, dass eine Offenlegung der Daten und ein Aushandeln (»Welche Erwartungen kann ich erfüllen, welche nicht«) erfolgt (vgl. Harrison 1977, S. 124).

Erwartungen der anderen gegenüber der Fokusrolle
»Beim dritten Schritt findet man heraus, was die anderen von der Fokusrolle erwarten, d.h., die Mitglieder der Gruppe beschreiben, was sie vom Inhaber der Fokusrolle verlangen und erwarten. Diese Erwartungen der anderen werden dann diskutiert, geändert und von der Gruppe und dem Rolleninhaber akzeptiert.« (French/Bell 1990, S. 149) Es ist auch möglich, die Sammlung der Erwartungen an die Fokusrolle sowie die Erhebung der Erwartungen der Fokusrolle gleichzeitig ablaufen zu lassen. So hat man in der Aushandlung den Vorteil, dass Querverweise und Verbindungen zwischen Erwartungssendern und Erwartungsempfängern möglich werden (vgl. Rappe-Giesecke 1990, S. 149). Im Rahmen des Rollenverhandelns ist eine Modifizierung der Vorgehensweise immer möglich. Es liegen verschiedenartig gewichtende Beschreibungen des Verfahrens vor (vgl. hierzu Becker/Langosch 1984, S. 254).

Erstellung eines Rollenprofils
Der Rolleninhaber formuliert schriftlich als Zusammenfassung der durchlaufenen drei Schritte ein Rollenprofil. »Es besteht 1. aus einer Reihe von Tätigkeiten, die sich aus unverzichtbaren und sonstigen Elementen der Rolle ergeben, 2. aus der Verpflichtung der Rolle gegenüber jeder anderen Rolle innerhalb des jeweiligen Kontextes und 3. aus den Erwartungen an diese Rolle von seiten anderer Rollen.« (Dayal/Thomas 1968, S. 473–505, zit. nach French/Bell 1990, S. 149) Auf diesem Wege entstehen gewissermaßen schriftlich festgehaltene Verträge, welche nach gewissen Zeitabständen überprüft und verändert werden können.

Es ist noch anzumerken, dass eine Rollenanalyse, welche jede Fokusrolle innerhalb einer Gruppe oder Organisation umfasst, sehr zeitaufwändig ist. Deshalb kann es sinnvoll sein, sich auf wichtige Rollen zu beschränken (z.B. die des Leiters oder einer neu geschaffenen Stelle).

2.1.2 Führungsanalyse

Die Thematisierung verschiedener Führungsstile innerhalb der Organisation oder innerhalb von Subsystemen (Abteilungen) stellt ein weiteres Verfahren der Organisations- bzw. Teamberatung dar (vgl. Antons 1976, S. 92ff.). Einerseits bildet sich in jedem Team bzw. in jeder Organisation ein spezielles Führungsmuster heraus, welches sich offenbart, wenn man in einer systemischen Zusammenschau nicht nur die Leiterfunktion und dessen aktives Handeln, sondern auch dessen reaktives Kommunizieren im Kontext eines zirkulären Kommunikationssystems mit den Mitarbeitern betrachtet. Andererseits ist die Art der Führung durch institutionelle Vorgaben vorgegeben bzw. vorstrukturiert.

Auf der Grundlage von Arbeitsblättern, welche verschiedene Führungsstile (autoritärer Stil, Laisser-faire-Stil, demokratischer Stil, Führung durch die Gruppe selbst) in ihren Kennzeichen und Auswirkungen beschreiben (vgl. ebd., S. 92–97), kann z.B. im Team eine Selbsteinschätzung stattfinden. Daran anschließen kann sich ein Austausch über zirkulär miteinander verknüpfte Bedingungen und Handlungsbeiträge der Einzelnen, welche zu diesem Führungsmuster führen bzw. es aufrechterhalten. Auf dieser Grundlage können dann auch gegenseitige Erwartungen und Veränderungsvorschläge offen gelegt und diskutiert werden.

2.2 Kommunikationsbezogene Verfahren

Im Rahmen der kommunikationsbezogenen Verfahrensebene bezieht man sich auf den zirkulären Kommunikationsprozess, welcher sich innerhalb des Sozialsystems (Klientensystems) vollzieht und innerhalb dessen die einzelnen Rollenträger (institutionsbezogene Sicht) bzw. psychischen Systeme (individuumsbezogene Sicht) mitbeteiligt sind.

2.2.1 Abänderung dysfunktionaler Interaktionsstrukturen zugrunde liegender Regeln

Wenn sich beispielsweise in einer Familie Einzelne oder Untergruppen permanent die Schuld an bestimmten Problemen und Defiziten zuschieben, entsteht schnell eine sich hochschaukelnde Angriff-Gegenangriff-Struktur. Hier kann durch Regelveränderung eingegriffen werden: Bestimmten Interaktionsstrukturen liegen immer (offene oder verdeckte) Regeln zugrunde, deren Bewusstmachen und Modifizierung eine Veränderung zweiter Ordnung darstellt.[1] Der Berater kann zunächst innerhalb des Beratungssettings durch sein intervenierendes Verhalten neue Regeln einbringen, z.B. durch folgende Maßnahmen:

- Jede der streitenden Parteien darf nur einmal ihren Standpunkt vertreten, dann erfolgt ein Gespräch mit allen Systemmitgliedern.

1 Watzlawick et. al. (1975) unterscheiden zwei verschiedene Formen der Veränderung in Systemen: »Die eine findet innerhalb eines bestimmten Systems statt, das selbst unverändert bleibt, während das Eintreten der anderen das System selbst verändert.« (Ebd., S. 29) Veränderungen erster Ordnung sind dadurch gekennzeichnet, dass ein Wechsel von einem internen Systemzustand zu einem anderen stattfindet, während die Einheit als Ganzes bestehen bleibt (z.B. folgt eine Schuldzuweisung der nächsten). Veränderung zweiter Ordnung hingegen bezieht sich auf eine umfassende Systemänderung, welche das Gesamtsystem erfasst und verändert (z.B. wird der Kreislauf der Schuldzuweisungen gestoppt, indem aufgrund neuer Regeln derartige Interaktionsstrukturen unterbrochen und durch eine neue Kommunikationsorientierung »Wie geht es uns damit?« ersetzt werden.).

- Die Redezeit wird begrenzt.
- Konflikte werden aus der Besprechung vorübergehend ausgenommen und in ein noch zu etablierendes »Problembearbeitungssystem« übertragen (vgl. König/Volmer 1996, S. 216).

So können eingeschliffene dysfunktionale Kommunikationen zunächst verstört werden. Im Anschluss daran kann dazu übergegangen werden, in folgenden Teilschritten Gruppenregeln zu verändern (vgl. ebd., S. 216f.):

- *Klärung der (offenen oder verdeckten) Regeln, welche dysfunktionale Interaktionsstrukturen stützen.* »Z.B. ist eine Interaktionsstruktur wechselseitiger Schuldzuweisung möglicherweise durch eine implizite Regel ›suche bei Problemen zunächst einen Schuldigen!‹ gestützt. Die Interaktionsstruktur ›es wird endlos geredet, ohne dass ein Ergebnis erzielt wird‹ kann dadurch gestützt sein, dass die Regel besteht ›jeder darf so viel sagen, wie er möchte.‹« (Ebd., S. 216) Das Aufdecken derartiger Zusammenhänge zwischen Interaktionsstrukturen und Regeln, die oft unbewusst befolgt werden, stellt ein entscheidendes Element eines Veränderungsprozesses dar.
- *Erarbeiten alternativer Regeln.* Mit Hilfe des Beraters können die Betroffenen alternative Regeln erarbeiten, die geeignet scheinen, belastende und unproduktive Kommunikationsstrukturen zu unterbinden und neue Verhaltensweisen zu stützen.
- *Vereinbaren neuer Regeln.* An dieser Stelle muss der Berater Wert legen auf eine eindeutige Vereinbarung, welche die Beteiligten untereinander aushandeln. Für jeden Einzelnen muss sichergestellt sein, dass Transparenz in Bezug auf die Handlungsmöglichkeiten besteht. Notwendig ist eine Zustimmung aller Systemmitglieder, um die tatsächliche Durchsetzung einer neuen Regelstruktur sicherzustellen.
- *Durchsetzung neuer Regeln.* Die Einführung und Beibehaltung alternativer Regeln kann durch verschiedene Maßnahmen unterstützt werden:
  - Vereinbarung von Sanktionen bei Übertretung der neuen Regeln,
  - Festlegung eines Verantwortlichen, der die Umsetzung der neuen Regel überprüft,
  - Vereinbarung von Checkpunkten, bei denen überprüft wird, ob die ursprünglichen Interaktionsmuster tatsächlich überwunden sind und sich demzufolge neue Strukturen ausgebildet haben (vgl. ebd., S. 217).

Bei der Arbeit mit Regeln muss der Berater berücksichtigen, dass Regelveränderungen nicht leicht in ein System zu implementieren sind, da einzelne Regeln immer in einen Regelzusammenhang eingebunden sind, Regeln oft »verdeckt« und damit »geheim« sind und bestehende Regeln oft über lange Zeit erfolgreich waren und deren Veränderung Orientierungslosigkeit und Handlungsunsicherheit hervorrufen kann. Ferner ist zu bedenken, dass mit bestimmten Regeln auch spezifischer Einfluss und Macht korrelieren (vgl. König/Volmer 1996, S. 193f.). Vor diesem Hintergrund hat es der professionell Tätige mit einem komplexen, zirkulär verknüpften System zu tun, dem er entsprechend auch ein vielfältiges, methodenintegratives und verschiedene Gruppenebenen ansprechendes Handlungsrepertoir entgegensetzen sollte. Insofern finden Regelverstörungen und -veränderungen auch durch andere Verfahren permanent statt.

2.2.2 Systemskulptur

Das bildlich-ganzheitliche Verfahren der Systemskulptur (vgl. König 1992; König/Volmer 1996, S. 119ff.) ist dem traditionellen familientherapeutischen Verfahren der Familienskulptur entlehnt und wird inzwischen in verschiedenen Praxisfeldern, z.B. in der Organisationsberatung, eingesetzt. Es wird verwendet, um die Positionen der einzelnen Mitglieder des Systems sichtbar werden zu lassen und potenzielle Veränderungsmöglichkeiten zu erfahren:

> »Analoge Verfahren in der Prozessberatung und insbesondere die Arbeit mit Skulpturen sind Vorgehensweisen, die Prozesse sehr schnell in Gang setzen können: Es wird z.B. in einer Skulptur schneller deutlich, wo die Probleme eines sozialen Systems liegen, als wenn man bloß darüber redet.« (König/Volmer 1996, S. 126)

Der Handlungsablauf sei hier am Beispiel einer Teamberatung dargestellt (entsprechend geht man z.B. im Rahmen der Familientherapie bei der Familienskulptur vor): Eine ausgewählte Person übernimmt die Aufstellungsdurchführung: Die Arbeitskollegen werden so zueinander im Raum aufgestellt, dass es dem internen Bild des Aufstellers über das Beziehungsgefüge entspricht. Dabei ist insbesondere auf Kriterien zu achten wie Nähe und Distanz, Blickrichtung und Körperhaltung. Unter Umständen kann auch eine Über- oder Unterordnung symbolhaft dargestellt werden (z.B. durch die Positionierung einer Person auf einem Stuhl oder durch ein Sich-Hinknien). Die Aufgabe des Beraters in diesem Prozess besteht darin, darauf zu achten, dass die Positionierung der Systemmitglieder möglichst ohne Worte geschieht. Der Aufstellende soll »Bildhauer« spielen und die Gruppe intuitiv »formen«. Ferner kann dieser unterstützt werden durch spezifische Fragen (»Stimmt die Richtung?«) und Aufforderungen (»Verändern Sie die Körperhaltung so lange, bis es stimmt!«).

Nun kann sich eine Phase des bewussten Erlebens anschließen. So wird beispielsweise für eine Minute die Skulptur ohne Reden und Veränderung stehen gelassen, damit sie ihre Wirkung auf die Mitspieler, den Aufsteller und den Berater entfalten kann. Es geht um ein bewusstes Wahrnehmen der Gefühle und der Gedanken, welche mit der Einnahme einer bestimmten Position und Haltung verbunden sind. Es bietet sich an, die aufgestellten Personen der Reihe nach zu fragen, was ihnen an ihrer

Position und Haltung auffällt, wie sie sich fühlen und wie sie verschiedene Beziehungen zu Mitspielern erleben. Häufig werden zur Verwunderung der Teilnehmer Gruppenprobleme und Zusammenhänge auf diese Art und Weise sehr schnell »auf den Punkt gebracht« und einer neuen Erlebnis- und Sichtweise zugänglich.

Veränderungsideen oder -impulse, die aus der Situation heraus entstehen, können dann aufgegriffen werden, sodass sich die Skulptur (in Richtung eines Lösungsbildes) verändern kann. Wichtig bei der Skulpturarbeit ist das »Hier und Jetzt-Prinzip«: Der Berater sorgt dafür, dass die Kommunikation sich nur an der augenblicklichen Situation und deren Erleben orientiert. Im weiteren Beratungsprozess können dann die Erfahrungen und Eindrücke der Betroffenen und deren Bedeutungsgebungen im Zusammenhang mit der Skulptur thematisiert werden.

Die entstandene Konstellation stellt zunächst einen momentanen Ausdruck der Wirklichkeitskonstruktion des Aufstellers dar. Diese wird dann jedoch gewissermaßen durch die Dynamik der Gruppe erfüllt und als Methapher verwendet. Es werden vielfältige Informationen nonverbal und verbal explizit gemacht. An diese Informationsneubildungen der in der Aufstellung Beteiligten schließt dann ein klärender Dialog – sowohl aus der Sicht einzelner Positionen als auch aus einer Metaperspektive – an. Es lassen sich Zusammenhänge erkennen, Bezüge herstellen, spielerisch Veränderungen ausprobieren und Lösungen darstellen. Eine zusätzliche Wirkung besteht darin, dass nicht nur über die symbolische Offenlegung einer individuellen Sichtweise das Gesamtsystem dazu angeregt wird, Informationsneubildungen zu erzeugen, sondern dass die begleitenden Fragen und die damit einhergehende Veröffentlichung von Gedanken und Gefühlen zu den Beziehungen auf die Betroffenen zurückwirken und damit die dargestellte Realität verändern.

Es ist auch möglich, dass alle im Team die Aufgabe haben, sich selbst zueinander aufzustellen. In diesem Falle sind alle Teammitglieder Aufstellende, und es entfaltet sich ein Prozess der »relativen Positionierung«: Jeder Einzelne nimmt für sich einen Platz und eine Position ein, die jedoch nicht nur aus sich selbst heraus entwickelt wird, sondern sich auch in Abhängigkeit zur Positionensfindung der Kollegen vollzieht. Damit wird ein interdependenter Prozess erfahrbar, wodurch gewissermaßen nebenbei zirkuläre Vernetztheit von Kommunikations- bzw. Beziehungsgefügen veranschaulicht und als Kontrast zum linearen Denkmodell in das System implementiert werden kann. Vom Thematisierungs- und Bearbeitungsverlauf her entspricht diese Art des Vorgehens der des oben beschriebenen Weges.

2.2.3 Zirkuläres Fragen

Dieses Vorgehen ist geeignet, gleichzeitig Informationen zu gewinnen (Exploration) und zu geben (Intervention). »Informationen gewinnen« heißt in diesem Zusammenhang im Sinne Batesons »einen Unterschied feststellen« (eine Information ist ein Unterschied, der einen Unterschied macht). Es werden vor allem Fragen im Zusammenhang mit den Wirklichkeitskonstruktionen der Beteiligten und mit den Kommunikationsmustern gestellt. Zusätzlich kann in die Frage eine Umdeutung eingebaut werden, die in der Regel von den Betreffenden leichter angenommen werden kann als eine direkte Interpretation des Therapeuten.

> »Im Hinblick darauf, ob und wie eine in eine Frage verpackte Information aufgenommen wird, macht es oft einen Unterschied, wie die Frage formuliert wird. So macht es beispielsweise einen Unterschied, ob ich einer Heranwachsenden ihr Verhalten mit den Worten interpretiere: ›Mein Eindruck ist, dass es für Sie nicht leicht ist, sich von Ihrer Mutter zu trennen‹, oder ob ich den Vater im gemeinsamen Familiengespräch frage: ›Angenommen, Ihre Tochter erlaubt sich in den nächsten Wochen einen für ihr Alter angemessenen Abstand von der Mutter, wie würde die Mutter den so gewonnenen Freiraum für sich selbst nutzen?‹« (Stierlin 1988, S. 63)

Im Wesentlichen zielt das zirkuläre Fragen darauf ab, die Funktion des dargelegten Problems im »pathologischen Kommunikationsspiel« des Systems zu sondieren. Damit zielt es auf die zirkulären Prozesse der Gestaltung von Wirklichkeit ab und regt zu offener Bedeutungsgebung und Spekulation übereinander an: So werden etwa in der Teamberatung »Mitarbeiter B und C ... darüber befragt, ob der Vorgesetzte eher mehr oder eher weniger Kontakt mit den Mitarbeitern haben würde, wenn diese nicht durch häufige Streitigkeiten ihn in seiner Funktion beanspruchen würden« (Schmid 1987, S. 24). Auch das Beratungssystem kann mit zirkulären Fragen analysiert werden: »Zum Beispiel kann Mitarbeiter A gefragt werden, ob die Kontrahenten B und C denn überhaupt an einer Beratung interessiert sein könnten, wenn sie den Eindruck haben, der Vorgesetzte könnte dann in seiner Schiedsrichter-Funktion nachlassen.« (Ebd., S. 24)

Nach Stierlin (1988, S. 63f.) sind folgende Ziele mit der zirkulären Befragung verbunden:

- *Fragen zielen darauf ab, die Wirklichkeitskonstruktionen der Adressaten kennen zu lernen und diese zu relativieren.* Zum Beispiel Frage an die Tochter: »Wie erklärt sich Ihr Vater, dass sich Ihre Schwester voriges Jahr entschieden hat, in den Hungerstreik zu treten?« Und dann: »Wann hat er begonnen, sich das so zu erklären?«
- *Fragen zielen darauf ab, jetzige und frühere Beziehungsmuster zu verdeutlichen.* »Ist es immer so, dass, wenn sich die Eltern heftig auseinander setzen, Karin eher der Mutter zustimmt und Gerhard auszugleichen versucht?« Und dann: »War es früher einmal anders?«
- *Fragen versuchen zu klären, durch welche Ereignisse Beziehungsveränderungen ausgelöst wurden.* »Haben die Eltern mehr oder weniger miteinander gesprochen, seit Julia in die Klinik gegangen ist?«
- *Fragen versuchen, in Beziehungen zugeschriebene Eigenschaften flüssig werden zu lassen.* »Was tut dein Bruder, wenn die Mutter meint, er sei trotzig?«

- *Fragen versuchen den Mythos zu untergraben, die Symptome träten unwillkürlich ohne das Dazutun der Problemträger auf.* »Angenommen, es wäre die Absicht ihres Mannes, noch mehr Angst zu bekommen, wie könnte er das am besten tun?«
- *Fragen ermitteln Rangfolgen, anhand derer sich Beziehungsunterschiede verdeutlichen.* »Wer ist am meisten an therapeutischen Gesprächen interessiert?«
- *Fragen lenken die Aufmerksamkeit auf das Positive, die Ressourcen, die Entwicklungsmöglichkeiten.* »Wenn in der nächsten Nacht auf unerklärliche Weise das gegenwärtige Problem verschwände, woran würde Ihre Frau dies am folgenden Tag bemerken?«
- *Fragen führen hypothetisch neue Wahlmöglichkeiten ein und erzeugen positive Erwartungen in Bezug auf die Zukunft.* Frage an die Mutter einer magersüchtigen Tochter: »Welche von den beiden Töchtern wird zuerst heiraten?« Oder als zirkuläre Frage an den Ehemann: »Was würde Ihre Frau antworten, wenn ich sie fragen würde, welche von den beiden Töchtern zuerst heiraten wird?«

Zirkuläres Fragen bewirkt, dass jemand in Anwesenheit der anderen Systemmitglieder seine Sicht und Einschätzung über diese kundgibt. Während der Berater so Informationen erhält, passiert auch im System Neues: Die Fragen zwingen dazu, aus der Sicht eines anderen (»Wie sehe ich seine Sicht?«) zu antworten. Dies bewirkt unmittelbar zweierlei: Ein Nachdenken in neuer Form über den anderen, ein Hineinversetzen in den anderen sowie ein sehr aufmerksames Zuhören des/der Betroffenen (»Wie schätzt der mich/uns ein?«). Demzufolge ist es auch wichtig, dass im Anschluss diejenigen, über die gesprochen wurde, auch selbst zu Wort kommen (Berater: »Wie sehen Sie es selbst?« oder auch: »Was bedeutet das, was Ihre Frau gerade aus Ihrer Sicht zu Ihnen gesagt hat, für Sie?«).

Diese Gesprächsmethode ist in abgewandelter Form auch in der Beratung von Einzelpersonen anwendbar. Das abwechselnde Fragen der Betroffenen über die anderen Systemmitglieder entfällt hier, jedoch können für das Individuum wichtige Interdependenzen etwa zu Einstellungen und Verhaltensweisen anderer Personen thematisiert und in ihrer Auswirkung auf den Klienten besprochen werden. Es wird also in Bezug auf andere Personen, die im Kontext des Problemsystems des Klienten wichtig, aber in der Beratung nicht anwesend sind, nachgefragt. Auf diese Weise kann hypothetisch zu anderen Familienangehörigen (»Würde Sie Ihr Vater mehr oder weniger in diese Richtung bewegen wollen?«) oder beispielsweise zu Arbeitskollegen (»Wie würde Ihr Chef reagieren, wenn Sie ihm direkt sagen würden, dass Sie nicht bereit sind, diese Arbeit zu übernehmen?«) gefragt werden.

2.2.4 Reflecting team

Anderson (1990) schlägt als Anregung zur Veränderung von Wirklichkeitskonstruktionen im Klientensystem ein »Reflecting team« vor. Das Spezifische dieses Vorgehens besteht darin, dass das Beratungsgespräch zwischenzeitlich unterbrochen wird, sodass sich ein Berater*team* ohne Einbeziehung der Betroffenen, jedoch unter deren aufmerksamer Beobachtung, über seine Eindrücke bezüglich des Klientensystems und möglicher Lösungsansätze unterhalten kann. Die Durchführung dieses Verfahrens verlangt also mindestens ein aus zwei Personen bestehendes Beraterteam, sodass ein reflektierender Dialog in den Beratungsprozess eingeschoben werden kann. Die Berater integrieren in ihren Austausch positive Umdeutungen dargelegter Probleme und neuartige Sichtweisen über Problementstehung oder -aufrechterhaltung im System. Sie betonen die Stärken der Beteiligten und sprechen die Ressourcen des Systems an. Unter der Voraussetzung, dass die Betroffenen nicht direkt angesprochen werden, sondern dass »nur über sie geredet wird«, können die Adressaten für sie passende Anregungen aufgreifen (vgl. König/Volmer 1996, S. 101).

2.3 Individuumsbezogene Verfahren

Der Berater hat das Mittel der Kommunikation zur Verfügung, auch innerpsychisch bei den Betroffenen Raum für neue Wirklichkeitskonstruktionen und Wahlmöglichkeiten zu schaffen. Derartige Weiterentwicklungen sind aber nur möglich, wenn das operational geschlossene psychische System in seiner selbstreferenziellen Anschlussbildung die Handhabung neuer Elemente ermöglicht. Wie kann aber – und diese Grundfrage stellt sich bei dem Versuch, individuumsbezogen verändernd tätig zu werden besonders – »äußere« Intervention »innen« wirken? Böse/Schiepek (1989) formulieren als Prämisse für den systemischen Berater,

> »dass das Bewusstseinssystem des Therapeuten unter ›Verwendung‹ eines sozialen Systems, dessen Grundelemente durch Kommunikationen repräsentiert sind ..., mit dem Bewusstseinssystem des Klienten interpenetriert ... Dies plausibilisiert zwar die Möglichkeit gegenseitigen ›Verstehens‹, impliziert aber keineswegs seine Zwangsläufigkeit.« (Ebd., S. 129)

Wenn nach dem Drei-Komponenten-Modell innerhalb eines Klientensystems die Bereiche Wirklichkeitskonstruktionen, intrapsychische Prozesse und Kommunikation interdependieren, so gilt dies auch für das Beratungssystem: *Vom Berater initiierte Kommunikationssettings wirken innerpsychisch.* Über Sprache ist ein Transfer vom Sozialsystem in psychische Systeme und umgekehrt möglich (vgl. Luhmann 1994, S. 367). Äußere Beziehungsmuster oder -probleme sind auch als intrapsychischer Konflikt zu sehen und zu bearbeiten (vgl. Kast 1997, S. 133).

2.3.1 Das Meta-Modell der Sprache

Das von Bandler und Grinder (1994) dargelegte Modell greift das »Übertragungsproblem« auf und bezieht sich auf die Verwendung von Sprache im Beratungsgespräch. Beide Autoren versuchten, gewisse Regelmäßigkeiten und Gesetzmäßigkeiten in der Verwendung von Sprache bei bekannten und erfolgreichen Therapeuten zu untersuchen und zu entdecken. Ihre Erkenntnisse wurden von ihnen in ein »Meta-Modell« der Sprache verdichtet. Es werden zwei Hauptfunktionen der Verwendung von Sprache gesehen: Erstens dient sie als interne Repräsentation von Erfahrungen (Wirklichkeitskonstruktion, Modell der Welt), und zweitens dient sie zur gegenseitigen Mitteilung dieser Repräsentationen (vgl. »Sprache«; Kap. III, 7). Demzufolge wird davon ausgegangen, dass es eine basale Ebene gibt, auf welcher die unmittelbare menschliche Erfahrung von Welt stattfindet. Um diese Erfahrungen und Erlebnisse nun »speichern« zu können, werden sie im psychischen System sprachlich repräsentiert. Diese interne Repräsentation nennen Bandler und Grinder »Tiefenstruktur«. Diese wird dann im Kommunikationsprozess anderen mitgeteilt, wodurch eine weitere Transformation vollzogen wird: Durch das Festlegen auf bestimmte Wörter und Sätze, die zur Mitteilung gewählt werden, erfolgt eine Komplexitätsreduzierung; die repräsentierte innere Welt wird im Gesagten verdichtet und eingeengt. Der Selektionszwang der Kommunikation macht eine Einschränkung und Verengung notwendig. Dieses tatsächlich Gesagte oder Mitgeteilte entspricht der »Oberflächenstruktur«. Drei Ebenen sind voneinander zu trennen:

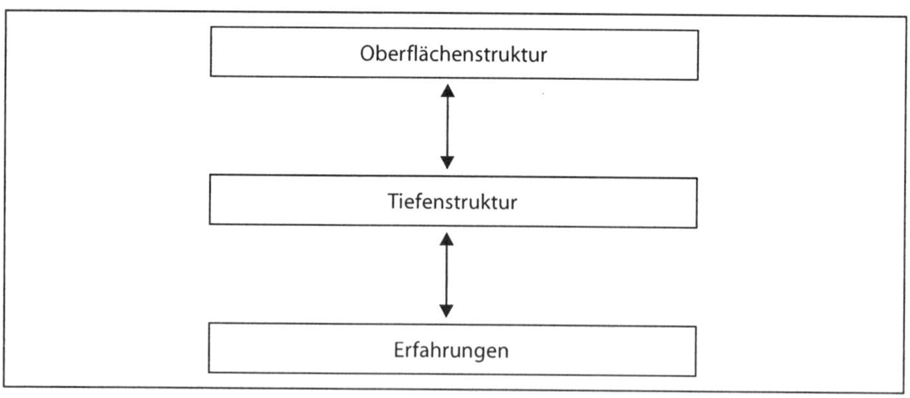

Abb. 14: Ebenen des Meta-Modells

»Wenn man seine Repräsentation, seine Erfahrung von der Welt, kommunizieren will, bildet man eine vollständige sprachliche Repräsentation seiner Erfahrung; sie heißt Tiefenstruktur. Während man zu reden beginnt, trifft man eine Reihe von Wahlen (Transformationen) zur Form, in der man seine Erfahrungen kommuni-

> zieren will. Diese Wahlen sind im Allgemeinen nicht bewusst ... Unser Verhalten bei diesen Wahlen ist aber regelmäßig und regelgeleitet. Der Prozess, diese Reihe von Wahlen zu treffen (eine Ableitung), ergibt die Oberflächenstruktur – einen Satz oder eine Wortgruppe, die wir als wohl geformte Wortgruppierung unserer Sprache erkennen. Diese Oberflächenstruktur selbst kann als Repräsentation der vollständigen sprachlichen Repräsentation (der Tiefenstruktur) angesehen werden. Die Transformationen ändern die Struktur der Tiefenstruktur (durch Tilgung oder Veränderung der Satzfolge), die semantische Bedeutung wird aber nicht verändert.« (Bandler/Grinder 1994, S. 58f.) »Im Falle einer Oberflächenstruktur ist der Ursprung und die vollständigste Repräsentation die Tiefenstruktur. Im Falle der Tiefenstruktur sind die Erfahrungen des Klienten der Ursprung der Repräsentation. Während die Tiefenstruktur die vollständigste sprachliche Repräsentation ist, entstammt sie einem vollständigeren, reichhaltigeren Ursprung: der Gesamtheit der Erfahrungen des Klienten.« (Ebd., S. 69)

Was bedeutet dieses Modell für den Berater? Jemand, der sprachlich seine innere Welt mitteilt, muss seine Tiefenstruktur in eine Oberflächenstruktur verwandeln. Hierbei kann es entweder zu wenig entscheidenden Umstellungen kommen, oder aber es erfolgt eine *Tilgung:* Der Betreffende hat etwas, was auf der Ebene der Tiefenstruktur vorhanden ist, in der Interaktion weggelassen. Aufgabe für den Berater wird es nun sein, darauf zu achten, dass der beraterische Kommunikationsprozess dahingehend genutzt wird, dass die fehlenden Teile in die Oberflächenstruktur mit eingebaut werden können. Bezüglich des fehlenden Stücks in der Oberflächenstruktur des Ratsuchenden formulieren Bandler/Grinder:

> »(Es) mag auch im bewussten Modell der Welt des Klienten nicht vorhanden sein. Wenn das Modell der Erfahrung des Klienten fehlende Teile hat, ist es verarmt. Verarmte Modelle implizieren ... ein eingeschränktes Verhaltensrepertoir. Sobald die fehlenden Teile wiedergewonnen werden, beginnt der Wandlungsprozess in diesem Menschen.« (Ebd., S. 65)

> *Der erste wesentliche Schritt für den Berater im Zusammenhang mit dem Meta-Modell besteht darin, einen Zugang zur im Vergleich zur Oberflächenstruktur reicheren Tiefenstruktur zu erlangen. Dadurch wird das betreffende psychische System angeregt, intern die Konstruktion von Wirklichkeit weiter auszudifferenzieren und zu erweitern. Zunächst wird es also für den Berater wichtig sein zu entscheiden, ob die präsentierte Oberflächenstruktur des Klienten eine vollständige Repräsentation der Tiefenstruktur ist oder nicht. Ein entwickeltes Einfühlungsvermögen oder die Verwendung des Meta-Modells wirken hierbei unterstützend.*

So kann beispielsweise anhand des Satzes »Ich fürchte mich« entschieden werden, ob er einer vollständigen inneren Repräsentation von Wirklichkeit entspricht. Der Berater kann sich selbst fragen, ob er sich einen anderen, vollständigeren Satz vorstellen kann, der dasselbe Prozesswort »fürchten« mit mehr Verknüpfungen und Substantivargumenten beinhaltet. Ist dies der Fall, so ist die Oberflächenstruktur unvollständig. Im Gespräch stehen dann drei Möglichkeiten zur Verfügung: Unvollständigkeit akzeptieren, den fehlenden Teil erfragen oder erraten (vgl. ebd., S. 65ff.).

Da man es als wesentliches Ziel einer systemischen Beratung sehen kann, problemrelevante Wirklichkeitskonstruktionen von Menschen aufzulösen bzw. zu erweitern, um Problemsystemen den Nährboden zu entziehen, wird das Akzeptieren einer unvollständigen Repräsentation den Prozess der Beratung verlangsamen. Ein eingeschränktes psychisches und soziales (Handlungs-)Potenzial korreliert mit der Entstehung und Aufrechterhaltung von Problemsystemen (vgl. »Problemsysteme«; Kap. IV, 1). Aus diesem Grund ist es sinnvoll, dass der Berater den sprachlich gelöschten Teil erfragt. So kann er auf die Aussage »Ich fürchte mich« mit der Frage »Wovor?« antworten, wodurch der Klient veranlasst wird, in sich nach dem fehlenden Teil auf die Suche zu gehen. So wird der Betreffende entweder das getilgte Material seines Modells »nachliefern«, oder aber – wenn der verbal nicht geäußerte Teil auch in seiner Tiefenstruktur fehlt – er wird mit dem Prozess der Selbstentdeckung und des Wandels (interne Anschlussbildung) beginnen. Ferner hat der Berater die Möglichkeit, aufgrund seiner Erfahrung oder Intuition den fehlenden Bereich zu erraten. In diesem Falle wird er dem Klienten beispielsweise so antworten können: »Bitte versuchen Sie einmal, Folgendes für sich zu sagen und zu sehen, ob es für Sie passt und zutrifft: »Ich fürchte mich davor, dass ich aufgrund meiner Probleme mit dem Chef meinen Job verlieren könnte.« Dem Gesprächspartner wird so ermöglicht, nachzuspüren, ob die Interpretation und Aussage des Beraters auf ihn zutrifft. Sollte dies nicht der Fall sein, kann immer noch mit anderen Mitteln versucht werden, den fehlenden Teil des Gesagten ausfindig zu machen.

Zusätzlich besteht die Möglichkeit, dass durch *Nominalisierungen* in der sprachlichen Repräsentation bestimmte, permanent fortlaufende Prozesse als Ereignisse behandelt werden. Die Verwendung von Hauptwörtern impliziert, dass etwas so geschehen ist, wodurch es den Charakter der Unveränderlichkeit erhält. »Die Entscheidung, dass unser Sohn ins Gymnasium geht ...« ist eine Aussage, die den Prozess des Sich-Entscheidens als unabwendbare, objektive Tatsache darstellt. An eine solche Aussage wird dann intern (in der psychischen Modellbildung) und auch extern (in der mitgeteilten Oberflächenstruktur) angeschlossen, ohne die Entscheidung selbst in Frage zu stellen, zu überprüfen, nachzuspüren, ob sie gemäß ist etc. Hier kann der Berater versuchen, Nominalisierungen zu »verflüssigen«, in Prozesswörter (Verben) zu übersetzen, um für diesen Bereich der Repräsentation die Bewusstheit zu entwickeln, dass es sich um einen permanenten Prozess handelt, welcher diese Entscheidung und damit die innere Welt im Zusammenhang mit dieser Entscheidung aufrechterhält. Durch Fragen wie »Wer hat entschieden?«, »Wann ist entschieden worden?«, »Worüber haben sie genau entschieden?«, »Wie fühlen Sie sich, nachdem sie sich so entschieden haben?« usw. kann der Berater den Ratsuchenden sehen helfen, dass das, was als abgeschlossenes Ereignis repräsentiert wird, in Wirklichkeit ein fortlaufender Prozess ist. Auf dieser Grundlage erhält man die Möglichkeit zurück, etwas in neuen Sinnbezügen zu sehen, bestimmte Dinge differenzierter zu betrachten und nicht zuletzt auch wieder verändern zu können.

Steht die komplette Tiefenstruktur zur Verfügung, geht es in einem zweiten beraterischen Schritt um das Hinterfragen und Erweitern dieser. Es wird versucht, einen Kontakt zur unmittelbaren Erfahrungswelt und damit zur (subjektiv empfundenen und erlebten) Wirklichkeit zu knüpfen. Als basales Prinzip bei der Verfahrensweise nach dem Meta-Modell wird gesehen,

> »dass Menschen in Schmerzen untergehen, nicht weil die Welt nicht vielfältig genug wäre, um ihnen Befriedigung ihrer Bedürfnisse zu gewähren, sondern weil ihre Repräsentation der Welt verarmt ist. Entsprechend ist also die Strategie, die wir als Therapeuten anwenden, den Klienten in einer solchen Form mit der Welt in Verbindung zu bringen, die ihm reichhaltigere Wahlmöglichkeiten bietet. Da mit anderen Worten der Klient dadurch Leid erfährt, dass er eine verarmte Repräsentation der Welt geschaffen und vergessen hat, dass diese Repräsentation nicht die Welt ist, kann der Therapeut dem Klienten nur dann bei seiner Änderung helfen, wenn dieser zu einem in irgendeiner Weise mit seinem Modell inkonsistenten Verhalten gelangt und dadurch sein Modell bereichert.« (Ebd., S. 70)

Erweiterungen dieser Art beziehen sich auf die drei Grundbausteine jeder Repräsentation: Generalisierung, Tilgung und Verzerrung.

- *Generalisierung.* »Generalisierung ist der Prozess, durch den Elemente oder Teile eines persönlichen Modells von der ursprünglichen Erfahrung abgelöst werden, um dann die gesamte Kategorie, von der diese Erfahrung ein Beispiel darstellt, zu verkörpern. Unsere Fähigkeit zu generalisieren ist wesentlich, um mit der Welt fertig werden zu können. Zum Beispiel ist es für uns nützlich, von der Erfahrung einer Verbrennung beim Berühren eines heißen Ofens generalisieren zu können, um zu einer Regel zu gelangen, dass heiße Öfen nicht berührt werden sollen. Aber diese Erfahrung dahingehend zu generalisieren, dass Öfen gefährlich sind, und folglich sich zu weigern, mit einem im gleichen Zimmer zu sein, heißt, unsere Bewegungsfähigkeit in der Welt unnötig einzuschränken.« (Ebd., S. 35)
  Durch den Vorgang des Generalisierens werden Erfahrungen intern geordnet repräsentiert, wodurch psychische Komplexität reduziert wird. Jede Komplexitätsreduktion ist notwendig, um in der Welt handlungsfähig zu werden; gleichzeitig beinhaltet sie aber die Gefahr, zu sehr auszugrenzen und so Wahl- und Entwicklungsmöglichkeiten zu blockieren.
  Generalisierungen können hinterfragt werden: Die Realitätskonstruktion (Tiefenstruktur) des Klienten kann über den Weg der Kommunikation modifiziert und verändert werden, wenn man Worte und Satzteile ohne Bezug hinterfragt, wenn man Verben, die ungenau formuliert wurden, spezifizierend nachgeht, wenn man den Klienten auffordert, seine generalisierte Aussage

wieder mit der unmittelbaren Erfahrung in Verbindung zu bringen, wenn man den Klienten bittet, seine Darstellung und sein Bild noch klarer zu beschreiben (»Wie?«, »Wo?«, »Wann?« etc.).

- *Tilgung.* »Tilgung ist ein Prozess, durch den wir unsere Aufmerksamkeit selektiv bestimmten Dimensionen unserer Erfahrungen zuwenden und andere ausschließen.« (Ebd., S. 36) Insofern wird auf diese Weise die Welt ebenso reduziert, was in bestimmten Kontexten sinnvoll erscheint, in anderen dagegen nicht. Bandler/Grinder führen ein Beispiel an, wonach ein Mann klagte, dass ihm seine Frau nie Liebesbotschaften übermittelte. Vom Berater wurden jedoch sehr wohl auch im gemeinsamen Gespräch derartige Botschaften wahrgenommen, die jedoch nicht auf den generalisierten Selbstwert des Mannes (»Ich bin nicht liebenswert«) passten. Darauf angesprochen, musste der Mann erkennen, dass er seine Frau in ihren Liebesaussagen nicht wahrgenommen und gehört hatte.
  Tilgungen können also hinterfragt werden: Durch das Zurückgehen auf die Situation, in welcher eine Grunderfahrung gemacht wurde, ist es möglich, die damit im Zusammenhang stehenden Erfahrungen des Klienten noch einmal aufleben zu lassen, sodass eine vollständigere Beschreibung des Erfahrenen erfolgt. Dadurch kann ein bislang getilgter Teil in das sprachliche Modell mitaufgenommen werden. Orientiert sich der Berater an Mitteilungen zur Lebenswelt des Ratsuchenden, die diesem selbst unvollständig oder einschränkend vorkommen, so ist die Verwendung der Frage »Was hindert Sie daran …?« ein zentrales Hilfsmittel, im Kommunikationsverlauf so anzuschließen, dass der Betroffene seinen durch Tilgungen reduzierten Möglichkeitsbereich bewusst machen und erweitern kann.
- *Verzerrung.* »Verzerrung ist der Prozess, der uns ermöglicht, in unserer Erfahrung sensorischer Einzelheiten eine Umgestaltung vorzunehmen.« (Ebd., S. 37) Durch Tilgung reduziertes und generalisiertes Material kann nun noch intern verzerrt werden, sodass durch das Zusammenspiel der drei genannten Mechanismen der selbstreferenzielle und sich selbst bestätigende Eigenbau der Welt vollzogen werden kann.
  Verzerrungen können aufgedeckt werden: Häufig werden Sätze verwendet, in welchen die Verantwortung für eigene Gefühle anderen Menschen zugeschrieben wird. »Mein Mann macht mich ärgerlich« ist eine Aussage, die der Berater einem allgemeinen Muster zuordnen kann: »Ein Mensch bewirkt, dass ein anderer Mensch ein Gefühl hat.« Bereits unserer Ausführung zur Geschlossenheit des psychischen Systems kann entnommen werden, dass eine derartige Aussage nicht den Tatsachen entspricht. Vielmehr handelt es sich um eine häufig vorzufindende Grundsituation, in welcher eine Person (ein psychisches System) aufgrund einer bestimmten Handlung einer anderen Person (bzw. deren innere Repräsentation) auf spezifische Weise reagiert. Hier muss durch gezieltes Nachfragen versucht werden, den Betreffenden wieder mit seinen ursprünglichen Gefühlen und Erfahrungen zu verbinden, sodass sich ihm

über den Weg der Verantwortungsübernahme für seine Reaktionen neue Handlungsperspektiven ermöglichen. Die Verfahrensweise in Anlehnung an dieses Modell ermöglicht es, die selbstreferenziellen und selbstbestätigenden intrapsychischen Kreisläufe zu verstören und zur »Neueinstellung« zu veranlassen.

2.3.2 Umdeutung (Refraiming)

Die Umdeutung stellt eine spezifische Interventionsform dar, die »darin (besteht), den begrifflichen und gefühlsmäßigen Rahmen, in dem eine Sachlage erlebt und beurteilt wird, durch einen andern zu ersetzen, der den ›Tatsachen‹ der Situation ebenso gut oder sogar besser gerecht wird, und dadurch ihre Gesamtbedeutung ändert« (Watzlawick et. al. 1975, S. 118). Objektive Sachlagen werden nicht verändert; dagegen findet auf der Ebene der Bedeutung eine Neuorientierung statt. Alles, was wir erleben, ordnen wir auf einer höheren Ebene bestimmten Sinnzusammenhängen und Bedeutungen zu. Alles hat innerhalb eines bestimmten Kontextes einen spezifischen Sinn. Dadurch, dass das einzelne psychische System eine Erfahrung zuordnet, kann es komplexitätsreduzierend Sinn weiterbearbeiten. Beim Refraiming geht es von daher nicht um eine »objektive« Veränderung bestimmter Sachverhalte, sondern um eine Bedeutungsänderung. Insofern handelt es sich um »Metaveränderungen«. Der Unterschied zur Verfahrensweise im Rahmen des Meta-Modells liegt darin, dass der Berater beim Refraiming selbst aktiv Wirklichkeiten umgestaltet. Eine bestimmte Klassenzugehörigkeit (Kontext) eines bestimmten Elementes (eine bestimmte Erfahrung, die innerlich repräsentiert wird) stellt er in Frage bzw. erweitert diese. Denn das psychische System verliert sehr leicht durch eine spezifische interne Zuschreibung auch das Bewusstsein für die Möglichkeit, eine andere Zuordnung zu vollziehen, was wiederum rückwirkend die Bedeutung der Erfahrung verändern würde.

> »Unser Welterleben beruht auf der Zuordnung der Objekte unserer Wahrnehmung zu Klassen … Wenn einmal ein Objekt einer bestimmten Klasse als Element zugeschrieben ist, kann es überaus schwierig sein, seine gleichzeitige und vollgültige Zugehörigkeit auch zu anderen Klassen zu sehen.« (Ebd., S. 123)

Umdeutung verändert die Beziehung zwischen einer Situation und ihrer Bedeutung. Dadurch kann ein Problem aus seinem symptomatischen Zusammenhang gelöst und in einen neuen Kontext gestellt werden. Eine negativ gesehene und bewertete Situation kann plötzlich (auch) positiv gesehen werden, denn es wird davon ausgegangen, dass jede Grundsituation, die von den Beteiligten als »Problem« gedeutet wird, einen positiven Aspekt beinhaltet, welcher Inhalt der Umdeutung sein kann: Beispielsweise kann sich in der Arbeit mit einem Team die Situation herauskristallisieren, dass sich die Untergebenen von der »väterlichen« Art des Chefs genervt zeigen. Eine mögliche Umdeutung des Beraters könnte lauten: »Sie sind ein sehr selbstständiges Team und können eigenverantwortlich Aufgaben übernehmen.« Der Paartherapeut könnte das vorgestellte Problem, dass die Ehefrau ständig ihren Mann kritisiere, umdeuten mit der Aussage: »Ich habe das Gefühl, dass Ihnen Ihr Mann sehr wichtig ist. Sie reden viel mit ihm – wenn er Ihnen egal wäre, würden Sie das lassen.« Nachdem u.U. die Frau zugestimmt hat, könnte der Therapeut an den Ehemann gerichtet anschließen: »Was macht das mit Ihnen, wenn Sie hören, dass Sie für Ihre Frau wichtig sind?« So ist man plötzlich bei einem anderen Thema, was zu völlig neuen Anschlussbildungen auf verschiedenen Ebenen (z.B. im Gefühlsbereich) führen wird.

Für den Berater ist es hilfreich, sich an einem anderen, vom Klienten nicht gewählten Bedeutungsbereich zu orientieren. So kann er der Gefahr entgegensteuern, selbst in gleicher oder ähnlicher Richtung Wirklichkeitskonstruktionen zu produzieren, wie dies die Klienten tun, und damit das Problemsystem aufrechtzuerhalten. Der Berater kann sich an folgenden Fragen bei einem bestimmten Problem(system) innerlich orientieren und diese auch »äußerlich« (Kommunikation) stellen:

- Was ist das Gute daran?
- Wovor schützt Sie das?
- Was vermeiden Sie damit?
- Angenommen, Sie hätten das Problem nicht, was (fürchten Sie) würde dann passieren?

2.3.3 Konstruktives Fragen

Das konstruktive Fragen bietet eine Gesprächsvariante, die anregend und öffnend wirkt. Es handelt sich um Animationen, welche durch Fragen »transportiert« werden und das psychische System der Betroffenen anregen (können), durch Reproduktion von Bewusstsein neue Anschlussbildungen und damit neue Wirklichkeitskonstruktionen herzustellen (vgl. Ludewig 1992, S. 138).

Zur Eröffnung bietet sich an:

- Angenommen, dieses Gespräch ist zu Ende und es war hilfreich, woran merken Sie das?
- Sie sagen, Sie leiden unter ..., woran merken Sie das?
- Sie nennen verschiedene Probleme; könnte es sein, dass sie zusammenhängen? Wie?

Zur Erkundung bietet sich an:

- Abgesehen von Ihrem Problem, was läuft bei Ihnen am besten?
- Was hat Ihnen bisher geholfen?
- Wann ist das Problem zum letzten Mal nicht aufgetreten?
- Was ist ohne das Problem anders?
- Wer kann Ihnen am besten helfen?

Zur Orientierung an der Zukunft:

- Woran werden Sie zuerst merken, dass das Problem weniger stört?
- Was ist anders, wenn das Problem verschwunden ist?
- Wie lange wird es dauern, bis das Problem verschwindet?
- Wie lange wird es dauern, bis sich das Problem von selbst löst?
- Stellen Sie sich vor, Sie könnten in die Zukunft schauen, wie werden Sie dann das Problem gelöst haben?
- Wie viel Prozent Besserung wird Ihnen genügen?
- Was müssten Sie tun oder lassen, damit alles noch schlimmer wird?

2.3.4 Konstruktives Reflektieren

Innerhalb des Beratungssettings wird ein Kommunikationssystem gebildet, welches sich um die von den Ratsuchenden kommunizierten Rekonstruktionen ihrer für »wahr« genommenen Probleme konstituiert (vgl. Grau/Möller 1992, S. 266). Auf der Seite des Beraters ist einfühlendes Verstehen und Folgen ebenso wichtig (zur Förderung der Selbstexploration, Selbstgestaltung und neuen Anschlussbildung und zur Konstituierung einer offenen Gesprächssituation) wie auf der anderen Seite das Setzen von Veränderungsimpulsen durch verstörende Komponenten: Die Wirklichkeitskonstruktionen müssen gestört, ergänzt und erweitert werden. Hierzu bietet sich die Kommunikationsform des konstruktiven Reflektierens an.

Was ein »Reflecting team« für ein aus mehreren Personen bestehendes Klientensystem zu leisten imstande ist, kann der einzelne Berater auch in der Einzelfallhilfe einbringen: Er kann seinem Klienten vorschlagen, dass dieser für eine gewisse Zeit nur zuhört, während vom Berater Ideen zum Problem und zur Person des Betroffenen entwickelt werden. Nach dieser Phase kann der Klient auf die Rückmeldung des Beraters reagieren, wenn er dies will. Oder es werden in den Gesprächsverlauf verschiedene Variationen eingebaut, die reflektierend anschließen:

- Vielleicht …
- Natürlich weiß ich nicht, aber ich könnte mir denken …
- Ja … und …
- Auf der einen Seite …, auf der anderen Seite …
- Denkbar wäre …
- Was wäre wenn …
- Ich frage mich, ob …
- Was würde wohl geschehen, wenn …
- Es fällt mir so ein …
- Ich hatte so das Gefühl …
- Mir kommt so ein Bild …
- Zu Ihrer Idee fällt mir ein …
- Andererseits könnte man dazu sagen …

- Was Sie sagen, kommt mir so vor …
- Eine ganz andere Idee wäre …

Durch das konstruktive Reflektieren teilt der Berater gleichzeitig einen Teil seiner Wirklichkeitskonstruktion mit, die für die Klienten (für deren psychisches System) unter Umständen eine relevante Information darstellt. Konstruktives Reflektieren bietet erweiternde Ideen und Fantasien, hinterfragt lähmende Gewissheiten, wägt aktuelle Alternativen ab und malt günstige Entwicklungsmöglichkeiten aus. Der Kommunikationsstil ist hypothetisch, offen und suchend (»wie wäre es, wenn …«; vgl. Ludewig 1992, S. 139).

2.3.5 Paradoxe Interventionsverfahren

In der systemisch orientierten Therapie und Beratung finden Techniken paradoxer Einflussnahme Anwendung. Unter paradoxer Intervention wird ein kommunikativer Eingriff verstanden, der das vorgestellte Problem in einer Weise interpretiert, dass es auf der Grundlage dieser Erklärung nicht mehr als »problematisch« und »negativ« gesehen werden kann. Häufig wird mit einer derartigen paradoxen Erklärung eine Handlungsaufforderung (Verschreibung, »Hausaufgabe«) verbunden. Als klassisch für diesen Verfahrenstyp kann die therapeutische Symptomverschreibung angesehen werden:

> »Wenn man das Verhalten einer anderen Person verändernd beeinflussen will, bestehen dafür grundsätzlich nur zwei Möglichkeiten. Die eine ist der Versuch, sie zu einem anderem Verhalten zu bewegen … (Diese Methode scheitert) zumindest bei symptomatischem Verhalten, da der Patient keine Kontrolle über sein Symptom hat. Die andere Möglichkeit … besteht darin, dem anderen dasjenige Verhalten vorzuschreiben, das er bereits von sich aus an den Tag legt … eine solche Aufforderung … (läuft) auf eine ›Sei spontan!‹-Paradoxie hinaus. Wenn man nämlich aufgefordert wird, sich in einer bestimmten Weise spontan zu verhalten, dann kann man nicht mehr spontan sein, da die Aufforderung die Spontaneität unmöglich macht. Wenn also ein Therapeut seinem Patienten vorschreibt, sich symptomatisch zu verhalten, so verlangt er spontanes Benehmen und erwirkt durch diese paradoxe Aufforderung eine Verhaltensänderung des Patienten. Das Symptom ist nicht mehr spontan; indem der Patient sich der Aufforderung des Therapeuten unterwirft, tritt er außerhalb des Rahmens seines symptomatischen Spiels ohne Ende, das bis zu diesem Augenblick keine Metaregeln für die Abänderung seiner Regeln hatte.« (Watzlawick et. al. 1975, S. 221)

Durch die Anwendung paradoxer Aussagen kann der Berater auch »Widerstand« des Klientensystems gegenüber einer Veränderung nutzen. Es entspricht einer nicht selten gemachten Praxiserfahrung, dass sich Betroffene, Klienten, Familien oder auch Organisationen und Teams im Grunde nicht deshalb in Beratung begeben, um Probleme zu lösen und Veränderungen einzuleiten. Es hat häufig den Anschein, dass es vielmehr darum geht, den Fachmann scheitern zu lassen. Auf diese Weise kann häufig erfolgreich einer (befürchteten) Veränderung vorgebeugt und der sekundäre Nutzeffekt einer Opferhaltung und des Wissens um die Unlösbarkeit und Schwergewichtigkeit der Problematik aufrechterhalten werden. Im Beratungsprozess spürt man als professionell Tätiger in einem solchen Fall »Widerstand«. Hier kann die Lösung in einer derartigen Aussage liegen: »Nachdem ich Sie nun kennen gelernt habe, bin ich nach all meiner langjährigen Erfahrung überzeugt, dass Ihr Problem so schwerwiegend ist, dass Sie es im Rahmen unserer Zusammenarbeit nicht lösen können.« Der Berater verbindet sich mit dem »Widerstand«, wodurch es dem Betroffenen unmöglich gemacht wird, sein bisheriges Spiel (»Niemand kann mir helfen«) mit der dazugehörigen Realitätskonstruktion (»Ich bin ein unlösbarer Problemfall«) weiterzuspielen. Würde nun keine positive Veränderung erfolgen, würde der Berater Recht behalten. Er wäre nur dann im Unrecht, wenn sich wirklich eine Lösung herauskristallisieren würde. Der Klient (oder auch das aus mehreren Mitgliedern bestehende Klientensystem) wird also gezwungen, entweder sich zu verändern und damit weiterhin den Berater zu widerlegen oder aber bei Nichtveränderung den »Widerstand« aufzugeben. Damit wäre aber das »Niemand-kann-mir-helfen-Spiel« unterbrochen.

Schlussbemerkung

Systemische Beratung im hier dargelegten Sinne integriert neueste Erkenntnisse aus der Systemtheorie und setzt diese in verschiedenen Interventionsverfahren und dem dahinter liegenden Berater-Selbstverständnis um. Dabei werden Fragen etwa nach der Logik von Problemsystemen und der Beeinflussbarkeit selbstreferenzieller Systeme aufgeworfen und neuen Antworten zugeführt.

Für den systemischen Berater bleibt trotz der Annahme einer operationalen Geschlossenheit von sozialen und psychischen Systemen die Gewissheit, dass durch Darstellung, Sichtbarmachen, Sprechen, Fragen usw. ein Klientensystem verändert werden kann. Diese im Beratungssystem ablaufende Kommunikation ist als Umweltkontakt des Klientensystems zu sehen, welcher intern auf strukturdeterministische Weise wirkt. Da die psychische und die kommunikative Ebene interpenetrieren bzw. interdependieren, ist es möglich, durch die professionelle Gestaltung des Beratungssystems Veränderungsimpulse zu geben.

Beratung wird als Angebot zur Selbsthilfe verstanden. Diese Animation muss sich an der Selbstreferenzialität des betreffenden Systems orientieren, um die Interaktion so zu gestalten, dass eine möglichst große Wahrscheinlichkeit besteht, dass Informationsgebungen von außen auch intern als relevante Informationen aufgenommen werden. Die dargestellten Interventionsverfahren bieten diese Möglichkeit und sind in der Lage, Informationsneubildung und Weiterentwicklung zu forcieren. Bildet auf diese Weise ein System neue Informationen über sich selbst und relevante Außenzusammenhänge (Veränderung der Selbstbeschreibung), so kann von einer erfolgreichen Beratung gesprochen werden. Dabei muss es jedoch vor dem Hintergrund des Prinzips der konstruktivistischen Bescheidenheit dem Adressatensystem selbst überlassen bleiben, den Beratungsprozess und dessen Ergebnisse zu evaluieren und zu bewerten.

Literaturverzeichnis

Abele, Petra: Organisations- und Teamentwicklung in der Sozialverwaltung. Theoretische Konzepte und Anwendungsmöglichkeiten. München 1989.

Anderson, Tom (Hrsg.): Das Reflektierende Team. Dialoge und Dialoge über Dialoge. Dortmund 1990.

Antons, Klaus: Praxis der Gruppendynamik. Übungen und Techniken. Göttingen 1973.

Baecker, Dirk (Hrsg.): Theorie als Passion. Niklas Luhmann zum 60. Geburtstag. Frankfurt a.M. 1987.

Bandler, Richard/Grinder, John: Metasprache und Psychotherapie. Paderborn ^{8}1994.

Bateson, Gregory: Geist und Natur. Eine notwendige Einheit. Frankfurt a.M. ^{4}1995.

Becker, Horst: Organisationsentwicklung und Gruppendynamik in der betrieblichen Praxis. In: Neubauer, R./Rosenstiel, L.v. (Hrsg.): Handbuch der angewandten Psychologie, Band 1. München 1980.

Becker, Horst; Langosch, Ingo: Produktivität und Menschlichkeit. Organisationsentwicklung und ihre Anwendung in der Praxis. Stuttgart 1984.

Bernler, Gunnar/Johnsson, Lisbeth: Psychosoziale Arbeit. Eine praktische Theorie. Weinheim 1997.

Blaschek, Hannelore: Zum Berufsbild des Erwachsenenbildners. In: Pöggeler, Franz (Hrsg.): Soziologie der Erwachsenenbildung. Handbuch der Erwachsenenbildung, Band 6. Stuttgart 1977.

Böse, Reimund/Schiepek, Günter: Systemische Theorie und Therapie. Ein Handwörterbuch. Heidelberg 1989.

Brödel, Rainer (Hrsg.): Erwachsenenbildung in der Moderne: Diagnosen, Ansätze, Konsequenzen. Opladen 1997.

Buchinger, Kurt: Ist Teamsupervision Organisationsberatung? Zur Professionalisierung von Selbstreflexion. In: Wimmer, Rudolf (Hrsg.): Organisationsberatung. Neue Wege und Konzepte. Wiesbaden 1992.

Bürschel, Wolfgang: Zum Begriff modernen ganzheitlichen Denkens. Studie zur Systemtheorie Luhmanns. Frankfurt a.M. 1990.

Burnham, John B.: Systemische Familienberatung. Eine Lern- und Praxisanleitung für soziale Berufe. Weinheim 1995.

Deyal, Thomas: Operation KPE. Developing a New Organisation. In: The Journal of Applied Behavioral Science 4/1968, S. 473–505.

Efran, Jay S./Lukens, Michael D./Lukens, Robert J.: Sprache, Struktur und Wandel. Bedeutungsrahmen der Psychotherapie. Dortmund 1992.

Engelhardt, Hans Dietrich/Graf, Pedro/Schwarz, Gotthart: Organisationsentwicklung. Alling 1996.

French, Wendell L./Bell, Cecil H.: Organisationsentwicklung. Sozialwissenschaftliche Strategien zur Organisationsveränderung. Bern ^{4}1994.

Foerster von, Heinz: Abbau und Aufbau. In: Simon, Fritz (Hrsg.): Lebende Systeme. Wirklichkeitskonstruktionen in der Systemischen Therapie. Berlin/Heidelberg 1988.

Fürstenau, Peter: Warum braucht der Organisationsberater eine mit der systemischen kompatible ichpsychologisch-psychoanalytische Orientierung? In: Wimmer, Rudolf (Hrsg.): Organisationsberatung. Neue Wege und Konzepte. Wiesbaden 1992.

Geißler, Harald: Vom Lernen in der Organisation zum Lernen der Organisation. In: Sattelberger, Thomas: Die lernende Organisation. Konzepte für eine neue Qualität der Unternehmensentwicklung. Wiesbaden 1991.

Geißler, Karlheinz/Hege, Marianne: Konzepte sozialpädagogischen Handelns. Ein Leitfaden für soziale Berufe. Weinheim ^{4}1988.

Goolishian, Harold/Anderson, Harlene: Menschliche Systeme. Vor welche Probleme sie uns stellen und wie wir mit ihnen arbeiten. In: Reiter, Ludwig et.al. (Hrsg.): Von der Familientherapie zur systemischen Perspektive. Berlin/Heidelberg 1988.

Graf, Pedro: Gegen den radikalen Konstruktivismus – für eine kritisch realistische Systemtheorie. Zeitschrift für systemische Therapie 12/1994, S. 44–57.

Grau, Uwe/Möller, Jens: Coaching von Führungskräften in Organisationen. In: Schwertl, Walter/Rathsfeld, Elke/Emlein, Günther (Hrsg.): Systemische Theorie und Perspektiven für die Praxis. Eschborn 1992.

Häfele, Walter: Systemische Organisationsentwicklung. Eine evolutionäre Strategie für kleine und mittlere Organisationen. Frankfurt a.M. 1990.

Haferkamp, Hans/Schmid, Michael (Hrsg.): Sinn, Kommunikation und soziale Differenzierung. Beiträge zu Luhmanns Theorie sozialer Systeme. Frankfurt a.M. 1987.

Harrison, Roger: Rollenverhandeln: Ein »harter« Ansatz zur Team-Entwicklung. In: Sievers, Burkhard (Hrsg.): Organisationsentwicklung als Problem. Stuttgart 1977.

Heitger, Barbara: Chaotische Organisation – organisiertes Chaos? Der Beitrag des Managements zur lernenden Organisation. In: Sattelberger, Thomas: Die lernende Organisation. Konzepte für eine neue Qualität der Unternehmensentwicklung. Wiesbaden 1991.

Irle, Martin: Beziehungen zwischen Strukturen und Aktivitäten sozialer Systeme. In: Kurzrock, Ruprecht (Hrsg.): Systemtheorie. Berlin 1972.

Kast, Verena: Paare. Beziehungsphantasien oder wie Götter sich in Menschen spiegeln. Stuttgart 1997.

Kneer, Georg/Nassehi, Armin: Niklas Luhmanns Theorie sozialer Systeme. Eine Einführung. München ^{2}1994.

König, Eckard: In der Systemskulptur werden Führungskräfte und Mitarbeiter zu Stars. Management und Seminar 12/1992, S. 22–27.

König, Eckard/Volmer, Gerda: Systemische Organisationsberatung. Grundlagen und Methoden. Weinheim ^{4}1996.

Kurzrock, Ruprecht (Hrsg.): Systemtheorie. Berlin 1972.

Lauer, Hagen: Die Grundannahmen systemischer Sichtweisen und ihre möglichen und unmöglichen Konsequenzen im ambulanten und stationären Bereich der Suchtarbeit. Schriftenreihe der Fachklinik Bad Tönisstein, Band 4, Heft 2, 1992.

Ludewig, Kurt: Die therapeutische Intervention – eine signifikante Verstörung der Familienkohärenz im therapeutischen System. In: Schneider, K. (Hrsg.): Familientherapie in der Sicht psychotherapeutischer Schulen. Paderborn 1983.

Ludewig, Kurt: Systemische Therapie. Grundlagen klinischer Theorie und Praxis. Stuttgart 1992.

Luhmann, Niklas: Soziale Systeme. Frankfurt a.M. ^{5}1994.

Luhmann, Niklas: Selbstreferentielle Systeme. In: Simon, Fritz (Hrsg.): Lebende Systeme. Wirklichkeitskonstruktionen in der Systemischen Therapie. Berlin/Heidelberg 1988.

Lutz, Christian: Kommunikation – Kern der Selbstorganisation: Unternehmensführung im Informationszeitalter. In: Sattelberger, Thomas: Die lernende Organisation. Konzepte für eine neue Qualität der Unternehmensentwicklung. Wiesbaden 1991.

Marc, Edmond/Picard, Dominique: Bateson, Watzlawick und die Schule von Palo Alto. Frankfurt a.M. 1991.

Maturana, Humberto: Erkennen. Die Organisation und Verkörperung von Wirklichkeit. Wiesbaden 1982.

Maturana, Humberto: Was ist Erkennen? München [2]1996.

Maturana, Humberto/Varela, Francisco: Autopoietische Systeme: Eine Bestimmung der lebendigen Organisation. In: Maturana, Humberto: Erkennen. Die Organisation und Verkörperung von Wirklichkeit. Wiesbaden 1982.

Maturana, Humberto/Varela, Francisco: Der Baum der Erkenntnis. Die biologischen Wurzeln des menschlichen Erkennens. München 1987.

Minuchin, Salvador/Rosman, Bernice L./Baker, Lester: Psychosomatische Krankheiten in der Familie. Stuttgart 1981.

Neubauer, R./Rosenstiel, L.v. (Hrsg.): Handbuch der angewandten Psychologie, Bd. 1. München 1980.

Palazzoli, Mara Selvini/Boscolo, Luigi/Cecchin, Gianfranco/Prata, Giuliana: Hypothetisieren – Zirkularität – Neutralität: Drei Richtlinien für den Leiter der Sitzung. Familiendynamik 2/1981, S. 123–139.

Palazzoli, Mara Selvini/Boscolo, Luigi/Cecchin, Gianfranco/Prata, Giuliana: Paradoxon und Gegenparadoxon. Ein neues Therapiemodell für die Familie mit schizophrener Störung. Stuttgart 1977.

Perrez, Meinrad/Huber, Günther L./Geißler, Karlheinz A.: Psychologie der pädagogischen Interaktion. In: Weidenmann, Bernd/Krapp, Andreas et. al. (Hrsg.): Pädagogische Psychologie. Weinheim [3]1993.

Pöggeler, Franz (Hrsg.): Soziologie der Erwachsenenbildung. Handbuch der Erwachsenenbildung, Band 6. Stuttgart 1977.

Prenzel, Manfred/Schiefele, Hans: Konzepte der Veränderung und Erziehung. In: Weidenmann, Bernd/Krapp, Andreas et al. (Hrsg.): Pädagogische Psychologie. Weinheim [3]1993.

Prokop, Ernst: Orientierungsdaten für die Erwachsenenbildung. Impulse aus der Wissenschaft vom Lehren und Lernen. München 1985.

Prokop, Ernst/Geißler, Karlheinz A.: Erwachsenenbildung. Modelle und Methoden. München 1974.

Rappe-Giesecke, Kornelia: Theorie und Praxis der Gruppen- und Teamsupervision. Heidelberg 1990.

Reiter, Ludwig/Brunner, Ewald Johannes/Reither-Theil, Stella (Hrsg.): Von der Familientherapie zur systemischen Perspektive. Berlin/Heidelberg 1988.

Rogers, Carl: Die klientbezogene Gesprächspsychotherapie. München 1973.

Roth, Gerhard: Autopoiese und Kognition: Die Theorie Maturanas und die Notwendigkeit ihrer Weiterentwicklung. In: Schiepek, Günter (Hrsg.): Systeme erkennen Systeme. München 1987a.

Roth, Gerhard: Die Entwicklung kognitiver Selbstreferentialität im menschlichen Gehirn. In: Baecker, Dirk (Hrsg.): Theorie als Passion. Niklas Luhmann zum 60. Geburtstag. Frankfurt a.M. 1987b.

Satir, Virginia: Kommunikation, Selbstwert, Kongruenz. Paderborn [4]1994.

Sattelberger, Thomas: Die lernende Organisation. Konzepte für eine neue Qualität der Unternehmensentwicklung. Wiesbaden 1991.

Schattenhofer, Karl: Selbstorganisation und Gruppe: Entwicklungs- und Steuerungsprozesse in Gruppen. Opladen 1992.

Schiepek, Günter (Hrsg.): Systeme erkennen Systeme. München 1987.

Schlippe von, Arist: Familientherapie im Überblick. Basiskonzepte, Formen, Anwendungsmöglichkeiten. Paderborn 1984.

Schmid, Bernd: Gegen die Macht der Gewohnheit: Systemische und wirklichkeitskonstruktive Ansätze in Therapie, Beratung und Training. Organisationsentwicklung 4/1987, S. 21–42.

Schneider, K. (Hrsg.): Familientherapie in der Sicht psychotherapeutischer Schulen. Paderborn 1983.

Schulz von Thun, Friedemann: Miteinander Reden 1. Störungen und Klärungen. Reinbek 1997.

Schwarzer, Christine/Posse, Norbert: Beratung. In: Weidenmann, Bernd/Krapp, Andreas et al. (Hrsg.): Pädagogische Psychologie. Weinheim ^{3}1993.

Schwertl, Walter/Rathsfeld, Elke/Emlein, Günther (Hrsg.): Systemische Theorie und Perpektiven für die Praxis. Eschborn 1992.

Siebert, Horst: Konstruktivistische (Theorie-)Ansichten der Erwachsenenbildung. In: Brödel, Rainer (Hrsg.): Erwachsenenbildung in der Moderne: Diagnosen, Ansätze, Konsequenzen. Opladen 1997.

Simon, Fritz (Hrsg.): Lebende Systeme. Wirklichkeitskonstruktionen in der Systemischen Therapie. Berlin, Heidelberg 1988.

Simon, Fritz: Wirklichkeitskonstruktionen in der Systemischen Therapie. In: Simon, Fritz (Hrsg.): Lebende Systeme. Wirklichkeitskonstruktionen in der Systemischen Therapie. Berlin, Heidelberg 1988a.

Simon, Fritz: Unterschiede, die Unterschiede machen. Klinische Epistemologie: Grundlage einer systemischen Psychiatrie und Psychosomatik. Heidelberg 1988b.

Simon, Fritz/Weber, Gunthard: Vom Navigieren beim Driften – Die Bedeutung des Kontextes der Therapie. Familiendynamik 4/1987, S. 355–362.

Stierlin, Helm: Delegation und Familie. Beiträge zum Heidelberger familiendynamischen Konzept. Frankfurt a.M. 1982.

Stierlin, Helm: Prinzipien der systemischen Therapie. In: Simon, Fritz (Hrsg.): Lebende Systeme. Wirklichkeitskonstruktionen in der Systemischen Therapie. Berlin, Heidelberg 1988.

Tschacher, Wolfgang: Interaktion in selbstorganisierten Systemen. Grundlegung eines dynamisch-synergetischen Forschungsprogramms in der Psychologie. Heidelberg 1990.

Watzlawick, P./Weakland, J.H./Fisch, R.: Lösungen. Zur Theorie und Praxis menschlichen Wandels. Stuttgart ^{2}1975.

Watzlawick, P./Beavin, J.H./Jackson, D.D.: Menschliche Kommunikation. Formen, Störungen, Paradoxien. Stuttgart 1969.

Weber, Gunthard (Hrsg.): Zweierlei Glück. Die systemische Psychotherapie Bert Hellingers. Heidelberg ^{6}1995.

Weber, Gunthard/Stierlin, Helm: In Liebe entzweit. Die Heidelberger Familientherapie der Magersucht. Reinbek 1991.

Weidenmann, Bernd/Krapp, Andreas et. al. (Hrsg.): Pädagogische Psychologie. Weinheim ^{3}1993.

Willke, Helmut: Beobachtung, Beratung und Steuerung von Organisationen in systemtheoretischer Sicht. In: Wimmer, Rudolf (Hrsg.): Organisationsberatung. Neue Wege und Konzepte. Wiesbaden 1992.

Willke, Helmut: Systemtheoretische Grundlagen des therapeutischen Eingriffs in autonome Systeme. In: Reiter, Ludwig/Brunner, Ewald Johannes/Reither-Theil, Stella (Hrsg.): Von der Familientherapie zur systemischen Perspektive. Berlin, Heidelberg 1988.

Willke, Helmut: Systemtheorie. Eine Einführung in die Grundprobleme. Stuttgart 1982.

Wimmer, Rudolf (Hrsg.): Organisationsberatung. Neue Wege und Konzepte. Wiesbaden 1992.

Wimmer, Rudolf: Was kann Beratung leisten? Zum Interventionsrepertoir und Interventionsverständnis der systemischen Organisationsberatung. In: Wimmer, Rudolf (Hrsg.): Organisationsberatung. Neue Wege und Konzepte. Wiesbaden 1992.

Zimbardo, Philip G.: Psychologie. Berlin ^{6}1995.